KB275475

성경통독을 통해 만난

하나님의 사람들
(신약편)

노우호 지음

도서
출판 하나

노우호
장신대 신학대학원 졸업.
샤론교회 담임목사. 에스라성경연구원 원장.
1977년 여름 지리산 순두류목장에서 우리나라 최초로
성경통독사경회를 개최한 이래 지금까지 매년
성경통독사경회를 인도해오고 있다.

샤론교회: 경남 마산시 남성동 246-1번지 한백마리나 빌딩 4층
          (전화. 055-224-0691)
에스라하우스: 경남 산청군 단성면 방목리 975번지(전화. 055-972-7742)
홈페이지: www.ezrahouse.or.kr
평생전화: 0502-369-3927 / 휴대폰: 019-586-0256

성경통독을 통해 만난

하나님의 사람들(신약편)

노우호 지음

초　판 1쇄 발행 / 1994. 11. 1.
초　판 8쇄 발행 / 2007. 10. 11.
개정판 4쇄 발행 / 2014. 12. 29.

발 행 처 / 도서출판 하나
발 행 인 / 전광규

등록번호 / 제 16-620호
등록일자 / 1992. 12. 7.

서울시 동대문구 제기로 18
우편번호 130-060
전화 923-2745, 팩스 923-2744

인쇄처 / 우리글문화(469-8623)
총　판 / (주)기독교출판유통
        전화 031-906-9191, 팩스 0505-365-9191

한권 값 6,000원
ISBN 89-8283-020-0 04230

하나님의 사람들

(신약편)

머리말

성경은 우리에게 많은 인물들을 소개하여 줍니다. 그 중에는 우리가 힘쓰고 애써서 본을 받아야 할 인물들이 많이 있습니다. 반대로 잘못된 사람들도 많이 있습니다. 이는 우리에게 감계鑑戒가 되게 하신 것입니다. 하나님께서 우리들에게 이러한 여러 사람들의 이야기를 들려주시는 것은 우리가 객관적으로 보고 판단하고 결단하여 스스로 악을 버리고, 스스로 선을 택하기를 원하시기 때문입니다. 이렇게 다른 사람들의 선한 것을 보고 본받는 사람을 하나님께서 기뻐하십니다. 그리고 다른 사람들의 악을 보고 깨닫는 마음을 하나님께서 기뻐하시는 것입니다. 그래서 하나님께서는 여러 사람들의 삶을 보여주고 있습니다.

그리고 특별히 인물 중의 인물이시며 만주의 주시요 만왕의 왕이신 예수님을 우리에게 보여 주신 것입니다.

성경은 자주 이런 말을 합니다.

"…가 그 부친 …를 본받아 여호와 보시기에 악을 행하였더라."

선한 왕이 선정을 하면 "그 조상 다윗을 본받아 선을 행하였더라" 이런 말씀이 자주 나오게 됩니다. 하나님께서는 인간들을 기계적으로 만들지 않으시고 인격으로 만드셨습니다. 그러므로 인격이 인격의 감화를 받으며 좋은 본을 스스로 본받아 선을 배우며 악을 멀리하는 것을 기뻐하시는 것입니다. 그러므로 역사가 필요하고 교사가 있어야 하고 모범적인 인물이 필요한 것입니다.

전능하신 하나님의 능력으로만 하시는 것이라면 벌써 끝날 수 있는 일이었습니다. 그러나 하나님께서 인격을 다루시는 방법은 힘이나 능으로만 하시는 것이 아닙니다. 만약 그렇게 힘으로나 능력으로 되는 것이라면 60억의 인격을 하나님께서 한순간에 다 변화시켜버릴 수 있을 것입니다. 그러나 그렇다면 인간은 인격이 아니라 한낱 하나님의 장난감에 불과하거나 기계에 불과한 존재가 되고 말 것입니다.

하나님의 방법을 몇 가지로 정리할 수 있습니다.

첫째, 말씀으로 하시는 것입니다. 가장 인격적인 방법이 대화를 통하여 이해하는 것입니다. 우리가 만약 사람이고 인격이라면 우리는 대화가 가능한 것입니다. 그러므로 말이 통하지 않고 의사가 전달될 수 없다면 이해는 어려운 것입니다. 그래서 하나님의 방법은 하나님의 말씀을 전하는 선지자나 전도자를 통하여 하나님의 뜻을 전달하고 그 말씀을 듣고 믿어 이해하고 결단하여 실천하는 사람을 통하여 또 다른 사람이 감화와 감동을 받고 하나님께로 나오게 하는 방법입니다.

둘째, 말씀으로 순조로운 대화가 되지 않을 때는 율법과 계명을 통하여 사람들의 삶을 규제하시거나 약속을 하여 그들이 체험하게 하시는 것입니다. 사람들이 하나님의 말씀을 순종하여보면 잘 되고 거역하여보면 잘 안 되는 체험을 하게 하시는 것입니다. 그 결과 인간들이 그 역사를 돌아보고는 깨달아 하나님께 자복하고 돌아오기를 기다리시는 것입니다. 이러한 방법이 바로 이스라엘의 역사 곧 성경의 역사였던 것입니다.

셋째, 교육을 통하여 어려서부터 바로잡아 가는 것입니다. 사람들은 교육을 통하여 교정될 수 있는 기회가 상당히 길게 책정되어 있음을 볼 수 있습니다. 교육에도 사실 규범교육과 모범교육이 있습니다. 하나님께서는 이 두 가지를 다 겸하여 사용하셨습니다. 어려서부터 어린아이를 가르치게 하신 것입니다. 그리고 어른들의 모범을 통하여 어린아이들이 본을 받아 배우는 모범교육을 하게 하신 것입니다. 교육이란 매우 중요한 것입니다. 교회의 사명 중 가장 중요한 것이 바로 이 교육이라는 것을 우리가 명심해야 합니다. 교사의 중요성은 아무리 강조해도 부족할 정도입니다. 주님의 지상 명령이 "내가 너희에게 분부한 모든 것을 가르쳐 지키게 하라" 하신 것입니다.

이러한 원리는 신구약을 막론하고 계속된 하나님의 방법이었습니다. 앞으로도 이러한 방법은 하나님의 변함없는 방법입니다. 이러한 방법들을 통해서만 인간이 하나님께 인격적으로 응답할 수 있는 것입니다.

법으로만 되는 것이면 성경이 온통 법으로만 가득 차 있었을 것입니다. 유대인들은 실제로 율법을 강화하면 될 수 있을 것으로 착각을 하여 율법을 강화하고 확대하고 세분화하는 데 온갖 정성을 다 쏟아부었습니다. 그러나 그러한 방법은 사람을 질식시키는 것뿐이었습니다. 설사 순종을 한다고 하더라도 수동적이요 피동적인 것이 되고, 불순종하면 바로 거역한 것이 되는 것입니다.

성경을 자세히 읽어보면 거기에는 역사와 인물들이 많이 등장합니다. 그것은 우리가 본받기를 바라시는 하나님의 말씀인 것입니다.

하나님은 영이 유여裕餘하실지라도 오직 한 사람을 지으셨습니다.

흙이 모자라서도 아닙니다.

영이 부족해서도 아닙니다.

땅이 비좁아서도 아닙니다.

능력이 없어서도 아닙니다.

피곤하셔서도 아닙니다.

그것은 좋은 본을 보면서 자라게 하시려고 하신 것입니다.

아담과 하와만이 성인으로 출발하였고 다른 모든 사람들은 모두가 어린아이로 출발하게 하신 것입니다. 그리고 다른 동물에 비하여 성장하는 기간이 유난히도 길게 하신 것을 알 수 있습니다. 그것은 교육되고 교정될 수 있는 기간을 충분하게 주신 것입니다. 그리고 아버지, 어머니, 형님, 누나, 동생 사이에서 자라게 하신 것입니다. 이것은 매우 중요한 것입니다.

좋은 학교, 명문 대학을 나오는 것도 중요합니다.

그러나 그보다 더 중요한 것은 좋은 가정에서 자라나는 것입니다. 하나님은 성경을 통해 좋은 사람들만 보여주시는 것이 아니라 악한 사람들도 많이 보여주시고 있습니다. 그리고 그들의 결말을 우리에게 보여주시고 있습니다.

처음 조상인 아담의 실수를 보여주시고 있습니다.

그 후예들의 삶을 또한 보여주시고 죄얼罪孼이 자녀손들에게 어떻게 유전되고 어떻게 증가되고 증폭되는지를 밝히 보여주시고 있습니다.

우리는 이 모든 것을 예사로 보아서는 안 됩니다.

그 모든 사건들은 다 교육적인 의미를 가진 것입니다.

진리는 역사 안에 있고 윤리 안에 있습니다.

그것은 하늘 끝에 있는 것이 아닙니다.

그것은 바다 속에 있는 것이 아닙니다.

네 마음에 있고 네 입술에 있다고 하였습니다.

우리가 경건히 살기를 바란다면 먼저 우리 주위의 좋은 모범을 잘 본받아야 합니다. 그리고 무엇보다 성경 안에서 위대한 사람들을 인격적으로 만나서 배워야 합니다. 그들은 항상 성경 안에서 우리를 기다리고 있습니다.

주후 1994년 10월 30일
지리산 기슭에서 노우호

차   례

예수 그리스도의 모친

마리아

마리아는 '높여진 자'란 뜻이다. 히브리어 '미리암'에서 기원된 이름이다. 마리아의 족보를 살펴보면 다윗 가문의 후손인 것이 확실히 증명된다. 우리는 예수님을 '다윗의 자손'이라고 하는 말씀과 함께 '여인의 후손'이라는 말씀을 읽게 된다. 누가복음의 족보를 살펴보면 예수님은 다윗의 아들 나단의 계열을 따라 태어난 여인 마리아에게서 태어났다. 반면에 예수님의 양아버지 요셉은 다윗의 아들 솔로몬의 계열을 따라 태어난 것이 마태복음의 족보를 통하여 증거되고 있다. 다시 말하면 예수님은 부계와 모계 모두 다윗의 자손이며, 또한 여인의 후손이요 유대인의 왕이시며 아브라함의 자손, 이삭의 자손, 야곱의 자손 유다 지파에서 태어나신 것이다.

마리아로 말미암아 탄생하신 예수님은 과연 여자의 후손이었다.

"야곱은 마리아의 남편 요셉을 낳았으니 마리아에게서 그리스도라 칭하는 예수가 나시니라"(마 1:16). 마태복음에서도 야곱(예수님의 할아버지)이 요셉(예수님의 양아버지)을 낳았다고 기록한 후 그리스도 예수님이 요셉에게서 나셨다고 하지 않고 마리아에게서 그리스도라 칭하는 예수가 나셨다고 기록하고 있는 것이다.

마리아가 아직 남자를 알지 못하는 처녀였을 때 천사 가브리엘이 아기를 잉태할 것이라고 전해주었다. 천사로부터 이 소식을 들은 마리아는 깜짝 놀라 말하기를 "있을 수 없는 일"이라고 부인했다. 천사는 마리아가 다 이해할 수 없는 약속을 하였다.

마리아로서도 감당할 수 없는 충격적인 은혜의 약속이었지만 이어서 약혼자인 요셉에게 이 사실이 알려지게 되었다. 요셉 역시 받아들이기 어려운 일이었으나 천사가 꿈을 통하여 하나님의 계획을 계시했을 때 요셉은 이를 수용하고 순종하였다. 이렇게 볼 때 동정녀 탄생을 받아들인 것은 마리아 혼자의 문제로 된 것이 아니라 마리아와 요셉의 신앙으로 된 것이다.

만약 이 일을 요셉이 받아들이지 못했다면 마리아는 돌에 맞아 죽어야 할 운명이었던 것이다.

"예수 그리스도의 나심은 이러하니라 그 모친 마리아가 요셉과 정혼하고 동거하기 전에 성령으로 잉태된 것이 나타났더니 그 남편 요셉은 의로운 사람이라 저를 드러내지 아니하고 가만히 끊고자 하여 이 일을 생각할 때에 주의 사자가 현몽하여 가로되 다윗의 자손 요셉아 네 아내 마리아 데려오기를 무서워 말라 저에게 잉태된 자는 성령으로 된 것이라 아들을 낳으리니 이름을 예수라 하라 이는 그가 자기 백성을 저희 죄에서 구원할 자이심이라 하니라"(마 1:18-21).

당시에 아인카렘이란 동네에 제사장 사가랴와 그의 아내 엘리사벳이 살고 있었다. 사가랴는 나이가 많고 그 아내 엘리사벳도 나이가 많았는데 천사가 엘리사벳이 아기를 낳게 될 것이라고 계시하여주었다.

그 후 여섯째 달에 천사 가브리엘이 하나님의 보내심을 받들어 갈릴리 나사렛이란 동네에 가서 다윗의 자손 요셉이라 하는 사람과 정혼한 처녀에게 나타났다. 그 처녀의 이름은 마리아였다. 그녀에게 들어가 말하기를, "은혜를 받은 자여 평안할지어다. 주께서 너와 함께 하시도

다” 하고 말했다. 처녀가 그 말을 듣고 놀라 이런 인사가 어찌함인고 생각할 때 천사가 말하기를,

“마리아여 무서워 말라 네가 하나님께 은혜를 얻었느니라 보라 네가 수태하여 아들을 낳으리니 그 이름을 예수라 하라 저가 큰 자가 되고 지극히 높으신 이의 아들이라 일컬을 것이요 주 하나님께서 그 조상 다윗의 위를 저에게 주시리니 영원히 야곱의 집에 왕노릇 하실 것이며 그 나라가 무궁하리라”(눅 1:30-33).

마리아가 천사에게 반문하였다. “나는 사내를 알지 못하니 어찌 이 일이 있으리이까?” 천사가 대답하여 말하기를,

“성령이 네게 임하시고 지극히 높으신 이의 능력이 너를 덮으시리니 이러므로 나실 바 거룩한 자는 하나님의 아들이라 일컬으리라 보라 네 친족 엘리사벳도 늙어서 아들을 배었느니라 본래 수태하지 못한다 하던 이가 이미 여섯 달이 되었나니 대저 하나님의 모든 말씀은 능치 못하심이 없느니라”(눅 1:35-37).

이에 마리아가 응답하기를, “주의 계집종이오니 말씀대로 내게 이루어지이다” 하고 말하자 천사는 떠나갔다. 이때에 마리아가 일어나 빨리 유대 땅 아인카렘이란 동네에 사는 사가랴의 집에 들어가 엘리사벳에게 문안을 하였는데 엘리사벳이 마리아의 문안함을 들을 때 엘리사벳의 복중에서 6개월 된 아기가 뛰놀았다. 엘리사벳이 성령의 충만함을 입어 큰 소리로 말하기를,

“여자 중에 네가 복이 있으며 네 태중의 아이도 복이 있도다 내 주의 모친이 내게 나아오니 이 어찌 된 일인고 보라 네 문안하는 소리가 내 귀에

들릴 때에 아이가 내 복중에서 기쁨으로 뛰놀았도다 믿은 여자에게 복이 있도다 주께서 그에게 하신 말씀이 반드시 이루리라"(눅 1:42-45).

이에 마리아가 말하기를,

"내 영혼이 주를 찬양하며 내 마음이 하나님 내 구주를 기뻐하였음은 그 계집종의 비천함을 돌아보셨음이라 보라 이제 후로는 만세에 나를 복이 있다 일컬으리로다 능하신 이가 큰 일을 내게 행하셨으니 그 이름이 거룩하시며 긍휼하심이 두려워하는 자에게 대대로 이르는도다 그의 팔로 힘을 보이사 마음의 생각이 교만한 자들을 흩으셨고 권세 있는 자를 그 위에서 내리치셨으며 비천한 자를 높이셨고 주리는 자를 좋은 것으로 배불리셨으며 부자를 공수로 보내셨도다 그 종 이스라엘을 도우사 긍휼히 여기시고 기억하시되 우리 조상에게 말씀하신 것과 같이 아브라함과 및 그 자손에게 영원히 하시리로다 하니라"(눅 1:46-55).

마리아는 아인카렘의 엘리사벳 집에서 석 달쯤 함께 있다가 집으로 돌아가게 되었다(눅 1:56). 아마 그 후에 마리아가 정혼한 요셉에게 이 사실을 실토하였을 것이다. 요셉이 고민하는 것은 당연한 일이었다. 그러나 요셉은 하나님의 천사가 전해준 계시를 믿고 마리아를 아내로 맞아들였다.

마침 로마의 황제 아우구스투스(BC 27-AD 12년)가 호적 하라는 명령을 내리게 되었고 그로 인하여 마리아와 요셉이 갈릴리 나사렛을 떠나 고향 베들레헴으로 향하게 되었다. 만약 마리아가 나사렛에서 아기를 낳게 되었다면 입장이 어렵게 되었을 것이다. 왜냐하면 결혼한지 6개월만에 아기를 낳았다는 소문이 나면 마리아도 문제가 되고 요셉도 입장이 난처하게 되었을 것이기 때문이다. 그러나 베들레헴에 와서 아기를 낳게 되고 이어서 애굽으로 피난을 가게 되어 이 모든 문제는 조용히 묻혀서 넘어가게 되었던 것이다.

마리아는 애굽에서 갈릴리로 돌아와 나사렛에 거주하면서 예수님 외에 야고보, 유다, 요셉, 시몬, 그리고 딸을 더 낳게 되었던 것 같다. 남편 요셉은 목수 일을 하다가 조금 일찍 이 세상을 떠났을 것이다. 예수님께서 30세쯤 되셨을 때 갈릴리 가나의 혼인잔치에서 우리는 요셉의 얼굴을 볼 수가 없었다. 대신 마리아와 예수님께서 거기 축하하러 오신 것을 볼 때 아마도 그 이전에 세상을 떠난 것으로 보인다.

어느 시대나 그렇지만 목수는 그다지 넉넉한 생활을 하기는 어렵다. 요셉의 가정, 예수님의 가정도 경제적으로는 가난한 생활을 했던 것으로 전해진다. 마리아는 평소에 예수님이 행하시는 일련의 표적들을 보아 왔던 것 같다. 가나의 결혼식에서 잔칫집에 포도주가 모자란다는 사실을 알고는 그 문제를 예수님께로 가지고 온 것을 볼 때, 마리아는 예수님이라면 해결할 수 있을 것으로 믿은 것이다. 이에 대하여 예수님께서는 "왜 그런 문제를 나에게로 가져오십니까?" 하는 자세로 말씀을 하시고 있다. 그러나 마리아는 그렇게 말씀하시는 예수님께서 이 문제를 해결해주실 것으로 믿고 바라고 있는 것을 알 수 있다.

마리아는 예수님의 하시는 일에 대하여 이런저런 말을 하지 않았던 것 같다. 마리아는 요셉에게나 예수님에게나 아무런 말이 없었다. 누가복음에는 예수님께서 열두 살 되시던 해에 예루살렘으로 예배하러 올라갔던 일이 기록되어 있다. 그리고는 예수님께서 마지막 예루살렘으로 올라가신 유월절에는 마리아도 따라왔다가 결국 십자가에 아들이 못 박히는 일을 목격하게 되었다.

십자가 위에 달리신 예수님께서 마리아를 사랑하던 제자 요한에게 위탁하셨는데 그로부터 요한이 마리아를 자신의 모친과 같이 봉양했다고 전해진다.

　마리아는 깊은 영적 감수성을 지니고 있던 여자였다. 순결을 지켜 왔던 마리아는 약혼한 입장에서 유대의 엄격한 관습에도 불구하고 아기 예수의 수태를 믿음으로 받아들였던 것인데 이는 아무나 할 수 있는 일은 아니었다(눅 1:27, 37). 그것은 대단한 인내와 고통과 위험 부담을 안고 사랑하는 사람으로부터 버림받고 율법주의자들의 정죄에 의하여 돌로 쳐 죽임 당할 것까지 감수할 각오가 전제된 것이었다. 마리아는 이러한 위험한 명령이라도 그것이 하나님의 뜻이라고 할 때에 순종한 것이다.

　조그마한 갈릴리 마을 나사렛에서 태어나 곱게 자란 마리아는 매우 평범한 여인이었다. 그러나 하나님은 마리아의 온화하고 겸손한 마음을 택하여 하나님 사업에 있어 매우 커다란 일을 맡기신 것이다. 지금도 하나님께서는 빈부의 차이, 학력의 차이를 보지 않고 우리를 부르시는 것이다. 하나님의 부르심이 있을 때 마리아처럼 "아멘"으로 화답할 수 있도록 더욱 기도와 경건을 연습해야 하겠다.

　마리아는 막달라 마리아와 함께 예수님께서 부활 승천한 후 제자들과 함께 기도 생활에 힘썼다. 아들에 대한 개인적인 사랑을 극복하고 믿음의 어머니로서 누구보다도 충실했던 마리아처럼 우리는 지금 믿음 안에서 모든 것을 이해하고 용서하며, 참고 견디며, 소망하는 마음의 준비가 되어 있어야 하겠다.

　마리아는 말년에 에베소에서 요한의 봉양을 받았다는 학설이 있는가 하면, 예루살렘의 기드론 골짜기에 그녀의 무덤이라고 하는 곳이 있기도 하지만, 확정하기가 어렵다. 그러나 그녀는 만세에 복 있는 여인으로 그의 믿음과 소망과 사랑의 향기는 복음과 함께 땅 끝까지 퍼지고 있는 것이다.

야고보

야 고보는 히브리어 '야곱'의 헬라어 표기로 '발꿈치를 잡다'라는 뜻
이다. 그는 세베대의 아들이며 사도 요한의 형이었다. 그의 가정
은 갈릴리의 어부들 중에서 비교적 규모가 있는 가정이었던 것으로
알려지고 있다(마 4:21).

그의 아버지는 세베대이고 어머니는 살로메였으며, 살로메는 예수
님의 어머니 마리아와 친자매간이었다고 전해지고 있다. 만약 그것이
사실이라면 야고보와 요한은 예수님의 이종사촌이 되는 것이다.

그리고 이 살로메는 마리아에게서 예수님에 대하여 많이 들었을
것이고, 예수님께서 장차 유대인의 왕이 된다는 것을 전해 들었을 것
이다. 그래서 살로메가 더 적극적으로 예수님을 후원하였을 것으로 볼
수 있다.

신약성경에 여러 야고보가 등장하는데, 그 중 사도 중에도 두 야고
보가 있었다. 구별하기 위하여 보통 세베대의 아들 야고보를 대(大)야고
보라고 말하고 알패오의 아들 야고보를 작은 야고보라고 부르게 된다.

"멀리서 바라보는 여자들도 있는데 그 중에 막달라 마리아와 또 작은
야고보와 요셉의 어머니 마리아와 또 살로메가 있었으니 이들은 예수께서
갈릴리에 계실 때에 좇아 섬기던 자요 또 이 외에도 예수와 함께 예루살렘
에 올라온 여자가 많이 있었더라"(막 15:40; 막 15:41).

작은 야고보는 평소에 잘 소개가 되지 않고 다만 열두 제자의 이름을 다 기록할 때에만 등장한다. 그리고 마가복음 15장에 소개된 여인들이 재정적으로 예수님의 사역을 후원해왔을 것으로 본다.

초대교회의 전승은 대야고보가 열두 제자 중의 한 사람으로서 성격이 매우 급한 사람이었다고 전한다. 그는 사마리아 사람들이 예수님 일행을 환영하지 않자, 예수께 여쭈기를 하늘로부터 불을 내리도록 간청하려다가 꾸지람을 듣기도 하였다. 형제 요한과 더불어 '우레의 아들'이란 별칭을 붙여주신 것은 그들의 성격이 급했던 것을 시사한다 (막 3:17).

성경은 야고보 사도에 대하여 별로 말이 없다. 평소에 그는 별로 말이 없었던 사람으로 보인다. 대부분 베드로가 다 말을 해버리곤 했기 때문에 다른 제자들은 별로 많은 실수를 하지 않아도 되었을 것이다. 그리고 그가 일찍 순교하였기 때문에 우리는 야고보 사도에 관하여 많은 것을 알 수는 없다.

그는 갈릴리 해변에서 부친과 더불어 그물을 깁던 중에 주님의 부름을 받았다. 그때는 다른 일꾼들도 함께 일하고 있었던 것으로 보인다. 이러한 일은 세베대보다는 아마도 살로메가 더 적극적으로 주선을 하고 후원을 하였을 것으로 보인다(마 4:21).

주님의 사역을 재정적으로 후원한 사람은 많지 않았는데 그 중에 살로메와 막달라 마리아가 가장 큰 힘을 썼던 것으로 전해온다. 그래서인지 세베대의 아들들은 베드로와 함께 열두 제자들 중 핵심그룹 inner circle으로 알려져 있다. 대체로 중요한 일들에는 이 세 사람이 동행했던 것을 볼 수 있다.

그가 그리스도께서 승천하신 후 헤롯에 의해 순교 당한 것으로 보아 예루살렘교회에서 지도자 위치에 있었던 것으로 보인다(행 12:2).

그가 맨 먼저 순교자가 되었다는 사실이 그의 위치를 알게 하는 것이다. 그는 베드로와 함께 초대교회를 이끌어갔던 것이다. 그리고 베드로도 죽이려고 감옥에 가두었는데 이상하게도 베드로는 천사를 보내어 풀어내셨으나 세례 요한이나 야고보는 풀어내어 주시지 않았다.

바울과 실라도 감옥에서 풀어내어 주셨는데 스데반은 그냥 돌에 맞아 순교하도록 두셨던 것이다. 우리는 왜 누구는 풀어내시고 누구는 순교하게 두시는지 알 수가 없다. 그러나 그 순교가 가장 강력한 복음의 증거가 되었던 것은 의심의 여지가 없다.

목숨을 걸고 정말 죽어가면서까지 주장하는 진리라면 사람마다 외면하기 어려울 것이다. 스데반의 순교를 목격한 바울이 결국 회심의 길로 나아가게 된 것과 같다.

순교殉敎=martyrdom라는 말이 '증거하다'라는 헬라어('마르튀오')에서 시작되었다는 것을 보아도 살아서 복음을 전하는 것과 죽음으로써 진리를 증거하는 것이 같은 어원을 갖는다는 것이다.

야고보는 한때 모친을 통해 예수가 나라를 다스리실 때 높은 관직에 앉게 해달라고 예수께 간청한 것을 보아 야심이 강했던 것으로 보는 사람들도 있고, 혹은 이들보다도 그들의 어머니 살로메가 더 적극적이었다고 볼 수 있을 것이다.

이들뿐만 아니라 열두 제자들이 다 정치적인 야심들은 어느 정도 있었던 것을 알 수 있다.

"그때에 세베대의 아들의 어미가 그 아들들을 데리고 예수께 와서 절하며 무엇을 구하니 예수께서 가라사대 무엇을 원하느뇨 가로되 이 나의 두 아들을 주의 나라에서 하나는 주의 우편에 하나는 주의 좌편에 앉게 명하소서

예수께서 대답하여 가라사대 너희 구하는 것을 너희가 알지 못하는도

다 나의 마시려는 잔을 너희가 마실 수 있느냐

저희가 말하되 할 수 있나이다

가라사대 너희가 과연 내 잔을 마시려니와 내 좌우편에 앉는 것은 나의 줄 것이 아니라 내 아버지께서 누구를 위하여 예비하셨든지 그들이 얻을 것이니라

열 제자가 듣고 그 두 형제에 대하여 분히 여기거늘 예수께서 제자들을 불러다가 가라사대 이방인의 집권자들이 저희를 임의로 주관하고 그 대인들이 저희에게 권세를 부리는 줄을 너희가 알거니와 너희 중에는 그렇지 아니하니 너희 중에 누구든지 크고자 하는 자는 너희를 섬기는 자가 되고 너희 중에 누구든지 으뜸이 되고자 하는 자는 너희 종이 되어야 하리라 인자가 온 것은 섬김을 받으려 함이 아니라 도리어 섬기려 하고 자기 목숨을 많은 사람의 대속물로 주려 함이니라"(마 20:20-28).

야고보와 요한보다는 그 어머니가 이런 일에 적극적이었다는 것은 우리가 충분히 이해할 수 있는 일이다. 그러나 본인들도 그러한 야심이 있었으며 다른 제자들이 이 여인의 말을 들었을 때 분히 여겼다는 것은 다른 제자들도 별수 없이 그러한 야심이 있었다는 것을 증거한다.

게다가 야고보와 요한이 한 번 더 주님께 직접 부탁한 일도 있었다.

"세베대의 아들 야고보와 요한이 주께 나아와 여짜오되 선생님이여 무엇이든지 우리의 구하는 바를 우리에게 하여주시기를 원하옵나이다

이르시되 너희에게 무엇을 하여주기를 원하느냐

여짜오되 주의 영광 중에서 우리를 하나는 주의 우편에 하나는 좌편에 앉게 하여주옵소서

예수께서 가라사대 너희 구하는 것을 너희가 알지 못하는도다 너희가 나의 마시는 잔을 마시며 나의 받는 세례를 받을 수 있느냐

저희가 말하되 할 수 있나이다

예수께서 이르시되 너희가 나의 마시는 잔을 마시며 나의 받는 세례를

받으려니와 내 좌우편에 앉는 것은 나의 줄 것이 아니라 누구를 위하여 예비되었든지 그들이 얻을 것이니라

열 제자가 듣고 야고보와 요한에 대하여 분히 여기거늘 예수께서 불러다가 이르시되 이방인의 소위 집권자들이 저희를 임의로 주관하고 그 대인들이 저희에게 권세를 부리는 줄을 너희가 알거니와 너희 중에는 그렇지 아니하니 너희 중에 누구든지 크고자 하는 자는 너희를 섬기는 자가 되고 너희 중에 누구든지 으뜸이 되고자 하는 자는 모든 사람의 종이 되어야 하리라 인자의 온 것은 섬김을 받으려 함이 아니라 도리어 섬기려 하고 자기 목숨을 많은 사람의 대속물로 주려 함이니라"(막 10:35-45).

마가복음엔 두 제자가 직접 주님께 청탁을 한 것으로 되어 있고 마태복음엔 그들의 어머니가 청탁을 한 것으로 되어 있다. 이러한 경우 우리는 어느 것을 취할 것인가 하는 것을 가지고 고민에 빠지는 경우가 있다. 그런 경우는 둘 다 취하는 방법이 있다. 즉 어머니도 청탁을 한 적이 있고 두 아들이 청탁을 한 적도 있다고 보는 것이다. 반면에, 마가는 이 사건에 대해 직접 참여하지 않았던 사람이지만 마태는 현장의 목격자이기 때문에 마태의 정보가 더 정확하다고 보는 견해도 있다.

예수의 예루살렘 입성을 메시아의 이스라엘 왕국 회복이라는 측면에서 이해한 것으로 보아, 열두 제자들이 당시 유대인 사이에 만연했던 열심당의 중심 사상에 깊이 동감하고 있었던 것 같다(막 10:35, 39-41).

그럼에도 불구하고 부름을 받은 즉시 모든 소유와 가족까지 버려둔 채 주를 좇은 야고보는 예수께 가장 사랑 받는 세 명의 제자 중 한 사람이 되었을 뿐만 아니라, 사도로서 최초의 순교자라는 영예로운 자리를 차지하게 되었다.

야고보와 요한 형제는 예수님으로 말미암아 세상적인 큰 직위를

얻으려 했었다. 마찬가지로 많은 성도들이 주로 말미암아 고난을 받기보다는 오히려 세상적 영광을 누리려 하는 잘못을 범하는 경우는 오늘날도 흔하게 볼 수 있는 비극이다.

세례 요한

우리가 구약의 마지막 책인 말라기서를 읽었기 때문에 거기에서 예언된 '나의 사자'라는 말씀을 기억할 수 있다. 바로 세례 요한이 말라기 선지자가 예언했던 '주의 사자'였다. 우리가 세례 요한에 대하여 어느 정도 알고는 있지만 자세하게는 알 수 없는 인물 중의 한 사람이다. 그의 아버지는 아비야 반열의 제사장 사가랴이며 그의 어머니는 예수님의 어머니 마리아와 친족이라고 한다.

"유대 왕 헤롯 때에 아비야 반열에 제사장 하나가 있으니 이름은 사가랴요 그 아내는 아론의 자손이니 이름은 엘리사벳이라 이 두 사람이 하나님 앞에 의인이니 주의 모든 계명과 규례대로 흠이 없이 행하더라

엘리사벳이 수태를 못하므로 저희가 무자하고 두 사람의 나이 많더라 마침 사가랴가 그 반열의 차례대로 제사장의 직무를 하나님 앞에 행할쌔 제사장의 전례를 따라 제비를 뽑아 주의 성소에 들어가 분향하고 모든 백성은 그 분향하는 시간에 밖에서 기도하더니 주의 사자가 저에게 나타나 향단 우편에 선지라 사가랴가 보고 놀라며 무서워하니 천사가 일러 가로되 사가랴여 무서워 말라 너의 간구함이 들린지라 네 아내 엘리사벳이 네게 아들을 낳아 주리니 그 이름을 요한이라 하라 너도 기뻐하고 즐거워할 것이요 많은 사람도 그의 남을 기뻐하리니 이는 저가 주 앞에 큰 자가 되며 포도주나 소주를 마시지 아니하며 모태로부터 성령의 충만함을 입어 이스라엘 자손

을 주 곧 저희 하나님께로 많이 돌아오게 하겠음이니라 저가 또 엘리야의 심령과 능력으로 주 앞에 앞서 가서 아비의 마음을 자식에게, 거스리는 자를 의인의 슬기에 돌아오게 하고 주를 위하여 세운 백성을 예비하리라"(눅 1:5-17).

사가랴는 마치 아브라함, 엘가나, 마노아 등과 같이 나이가 많도록 자녀가 없었다. 그러한 사가랴에게 주의 천사가 아들을 낳을 것을 제시하여주셨고 그 아이는 하나님의 특별한 사명을 위하여 준비되는 나실인이 될 것이라고 하셨다. 그리고 모태로부터 성령이 충만하게 될 것이라고 하셨다. 그리고 선지자 엘리야의 심령을 가지고 주의 길을 예비하게 될 것이라고 하셨다.

"보라 여호와의 크고 두려운 날이 이르기 전에 내가 선지 엘리야를 너희에게 보내리니 그가 아비의 마음을 자녀에게로 돌이키게 하고 자녀들의 마음을 그들의 아비에게로 돌이키게 하리라 돌이키지 아니하면 두렵건대 내가 와서 저주로 그 땅을 칠까 하노라 하시니라"(말 4:5-6).

세례 요한은 바로 엘리야의 심령을 가지고 주의 길을 예비하기 위하여 보내심을 받은 주님의 사자였다. 말라기 선지자가 말했던 사자 곧 주의 길을 예비하기 위하여 보내심을 입은 것이다.

"만군의 여호와가 이르노라 보라 내가 내 사자를 보내리니 그가 내 앞에서 길을 예비할 것이요 또 너희의 구하는 바 주가 홀연히 그 전에 임하리니 곧 너희의 사모하는 바 언약의 사자가 임할 것이라 그의 임하는 날을 누가 능히 당하며 그의 나타나는 때에 누가 능히 서리요 그는 금을 연단하는 자의 불과 표백하는 자의 잿물과 같을 것이라 그가 은을 연단하여 깨끗케 하는 자같이 앉아서 레위 자손을 깨끗케 하되 금, 은같이 그들을 연단하리니 그들이 의로운 제물을 나 여호와께 드릴 것이라 그때에 유다와 예루살렘의 헌물이 옛날과 고대와 같이 나 여호와께 기쁨이 되려니와 내가 심판하러 너희에게 임할 것이라 술수하는 자에게와 거짓 맹세하는 자에게와 품꾼의 삯에 대하여 억울케 하며 과부와 고아를 압제하며 나그네를 억울케 하며 나를 경외치 아니하는 자들에게 속히 증거하리라 만군의 여호와가 말하였느니라"(말 3:1-5).

그는 또 이사야가 예언했던 광야에서 외치는 사자使者였다.

"너희 하나님이 가라사대 너희는 위로하라 내 백성을 위로하라 너희는 정다이 예루살렘에 말하며 그것에게 외쳐 고하라 그 복역의 때가 끝났고 그 죄악의 사함을 입었느니라 그 모든 죄를 인하여 여호와의 손에서 배나 받았느니라 할지니라

외치는 자의 소리여 가로되 너희는 광야에서 여호와의 길을 예비하라 사막에서 우리 하나님의 대로를 평탄케 하라 골짜기마다 돋우어지며 산마다 작은 산마다 낮아지며 고르지 않은 곳이 평탄케 되며 험한 곳이 평지가 될 것이요

여호와의 영광이 나타나고 모든 육체가 그것을 함께 보리라 대저 여호와의 입이 말씀하셨느니라 말하는 자의 소리여 가로되 외치라 대답하되 내가 무엇이라 외치리이까 가로되 모든 육체는 풀이요 그 모든 아름다움은 들의 꽃 같으니 풀은 마르고 꽃은 시듦은 여호와의 기운이 그 위에 붊이라 이 백성은 실로 풀이로다

풀은 마르고 꽃은 시드나 우리 하나님의 말씀은 영영히 서리라 하라 아름다운 소식을 시온에 전하는 자여 너는 힘써 소리를 높이라 두려워 말고 소리를 높여 유다의 성읍들에 이르기를 너희 하나님을 보라 하라

보라 주 여호와께서 장차 강한 자로 임하실 것이요 친히 그 팔로 다스리실 것이라 보라 상급이 그에게 있고 보응이 그 앞에 있으며 그는 목자같이 양무리를 먹이시며 어린양을 그 팔로 모아 품에 안으시며 젖먹이는 암컷들

을 온순히 인도하시리로다"(사 40:1-11).

우리는 구약성경의 도처에서 세례 요한에 관하여 매우 상세하게 예언되어 있었다는 것을 확인할 수 있다.

"그때에 세례 요한이 이르러 유대 광야에서 전파하여 가로되 회개하라 천국이 가까웠느니라 하였으니 저는 선지자 이사야로 말씀하신 자라 일렀으되 광야에 외치는 자의 소리가 있어 가로되 너희는 주의 길을 예비하라 그의 첩경을 평탄케 하라 하였느니라

이 요한은 약대 털옷을 입고 허리에 가죽띠를 띠고 음식은 메뚜기와 석청이었더라 이때에 예루살렘과 온 유대와 요단강 사방에서 다 그에게 나아와 자기들의 죄를 자복하고 요단강에서 그에게 세례를 받더니 요한이 많은 바리새인과 사두개인이 세례 베푸는 데 오는 것을 보고 이르되 독사의 자식들아 누가 너희를 가르쳐 임박한 진노를 피하라 하더냐 그러므로 회개에 합당한 열매를 맺고 속으로 아브라함이 우리 조상이라고 생각지 말라 내가 너희에게 이르노니 하나님이 능히 이 돌들로도 아브라함의 자손이 되게 하시리라 이미 도끼가 나무 뿌리에 놓였으니 좋은 열매 맺지 아니하는 나무마다 찍혀 불에 던지우리라 나는 너희로 회개케 하기 위하여 물로 세례를 주거니와 내 뒤에 오시는 이는 나보다 능력이 많으시니 나는 그의 신을 들기도 감당치 못하겠노라 그는 성령과 불로 너희에게 세례를 주실 것이요 손에 키를 들고 자기의 타작 마당을 정하게 하사 알곡은 모아 곡간에 들이고 쭉정이는 꺼지지 않는 불에 태우시리라"(마 3:1-12).

세례 요한은 주님의 권능을 믿고 악한 세대를 향하여 매우 담대하게 쳐서 예언을 했다. 그런데 주님은 세례 요한이 생각했던 것과 같이 나무뿌리 아래 놓인 도끼와 같이 하시지 않았다. 요한은 헤롯의 죄악상을 질책하다가 결국 옥에 갇히게 되었는데 예수님께서는 그러한 세례 요한의 석방을 위하여 손을 쓰시지도 않으셨고 한번 찾아가 보시지도

않았다. 세례 요한은 마음에 이상한 생각이 들었다.

"요한이 옥에서 제자들을 보내어 예수께 여짜오되 오실 그이가 당신이 오니이까 우리가 다른 이를 기다리오리이까

예수께서 대답하여 가라사대 너희가 가서 듣고 보는 것을 요한에게 고하되 소경이 보며 앉은뱅이가 걸으며 문둥이가 깨끗함을 받으며 귀머거리가 들으며 죽은 자가 살아나며 가난한 자에게 복음이 전파된다 하라 누구든지 나를 인하여 실족하지 아니하는 자는 복이 있도다 하시니라

저희가 떠나매 예수께서 무리에게 요한에 대하여 말씀하시되 너희가 무엇을 보려고 광야에 나갔더냐 바람에 흔들리는 갈대냐 그러면 너희가 무엇을 보려고 나갔더냐 부드러운 옷 입은 사람이냐 부드러운 옷을 입은 자들은 왕궁에 있느니라 그러면 너희가 어찌하여 나갔더냐 선지자를 보려더냐 옳다 내가 너희에게 이르노니 선지자보다도 나은 자니라 기록된 바 보라 내가 내 사자를 네 앞에 보내노니 저가 네 길을 네 앞에 예비하리라 하신 것이 이 사람에 대한 말씀이니라 내가 진실로 너희에게 말하노니 여자가 낳은 자 중에 세례 요한보다 큰 이가 일어남이 없도다 그러나 천국에서는 극히 작은 자라도 저보다 크니라 세례 요한의 때부터 지금까지 천국은 침노를 당하나니 침노하는 자는 빼앗느니라 모든 선지자와 및 율법의 예언한 것이 요한까지니 만일 너희가 즐겨 받을진대 오리라 한 엘리야가 곧 이 사람이니라 귀 있는 자는 들을지어다"(마 11:2-15).

"하나님께로서 보내심을 받은 사람이 났으니 이름은 요한이라 저가 증거하러 왔으니 곧 빛에 대하여 증거하고 모든 사람으로 자기를 인하여 믿게 하려 함이라 그는 이 빛이 아니요 이 빛에 대하여 증거하러 온 자라"(요 1:6-8).

"유대인들이 예루살렘에서 제사장들과 레위인들을 요한에게 보내어 네가 누구냐 물을 때에 요한의 증거가 이러하니라 요한이 드러내어 말하고 숨기지 아니하니 드러내어 하는 말이 나는 그리스도가 아니라 한대 또 묻되

그러면 무엇 네가 엘리야냐 가로되 나는 아니라 또 묻되 네가 그 선지자냐 대답하되 아니라 또 말하되 누구냐 우리를 보낸 이들에게 대답하게 하라 너는 네게 대하여 무엇이라 하느냐 가로되 나는 선지자 이사야의 말과 같이 주의 길을 곧게 하라고 광야에서 외치는 자의 소리로라 하니라 저희는 바리새인들에게서 보낸 자라 또 물어 가로되 네가 만일 그리스도도 아니요 엘리야도 아니요 그 선지자도 아닐진대 어찌하여 세례를 주느냐 요한이 대답하되 나는 물로 세례를 주거니와 너희 가운데 너희가 알지 못하는 한 사람이 섰으니 곧 내 뒤에 오시는 그이라 나는 그의 신들메 풀기도 감당치 못하겠노라 하더라 이 일은 요한의 세례 주던 곳 요단강 건너편 베다니에서 된 일이니라

이튿날 요한이 예수께서 자기에게 나아오심을 보고 가로되 보라 세상 죄를 지고 가는 하나님의 어린양이로다 내가 전에 말하기를 내 뒤에 오는 사람이 있는데 나보다 앞선 것은 그가 나보다 먼저 계심이라 한 것이 이 사람을 가리킴이라 나도 그를 알지 못하였으나 내가 와서 물로 세례를 주는 것은 그를 이스라엘에게 나타내려 함이라 하니라

요한이 또 증거하여 가로되 내가 보매 성령이 비둘기같이 하늘로서 내려와서 그의 위에 머물렀더라 나도 그를 알지 못하였으나 나를 보내어 물로 세례를 주라 하신 그이가 나에게 말씀하시되 성령이 내려서 누구 위에든지 머무는 것을 보거든 그가 곧 성령으로 세례를 주는 이인 줄 알라 하셨기에 내가 보고 그가 하나님의 아들이심을 증거하였노라 하니라

또 이튿날 요한이 자기 제자 중 두 사람과 함께 섰다가 예수의 다니심을 보고 말하되 보라 하나님의 어린양이로다"(요 1:19-36).

이렇게 가장 가까이서 가장 정확하게 주를 증거한 세례 요한을 주님께서는 끝내 감옥으로부터 구원하시지 않으셨고 마침내 세례 요한은 헤롯 왕의 칼에 목이 잘려 순교하고 말았다.

그러나 주님께서는 말씀하시기를, "내가 진실로 너희에게 말하노니 여자가 낳은 자 중에 세례 요한보다 큰 이가 일어남이 없도다"라고 말

씀하셨다. 세상적인 기준으로 평가한다면 세례 요한은 가장 비참한 실패자라고 할 것이다. 그러나 주님은 그를 큰 자라고 말씀하시고 있는 것이다.

당시의 헤롯 왕은 괴악한 인물이었다. 자기 동생 빌립의 아내 되었던 헤로디아를 아내로 취하였는데 그 여자에게는 살로메라는 딸이 있었다. 세례 요한은 이 불륜의 관계를 책망하면서 회개하라고 외쳤던 것이다.

그러한 책망은 목숨을 내어놓은 담력이 아니고서는 감히 엄두도 낼 수 없는 일이었다. 이러한 지적을 받은 헤롯 왕은 두려워하는데, 그 여우같은 여자 헤로디아는 오히려 세례 요한을 미워하고 있었다. 당시의 헤롯의 마음은 이미 헤로디아에게서 그의 딸 살로메에게로 기울어지고 있었다.

이를 간파한 헤로디아가 헤롯의 생일잔치에 자기의 딸 살로메로 하여금 헤롯 왕 앞에서 춤을 추도록 하였고 헤롯의 마음을 얻게 하였다. 그리고 그 소녀의 소원하는 것을 선물로 주겠다고 하는 헤롯의 제안에 딸을 불러 귀엣말로 지시하기를 세례 요한의 목을 베어 그 머리를 소반에 담아서 달라고 한 것이다. 헤롯 왕은 두렵기도 하고 마음에 몹시 거리끼는 일이었지만 여러 사람들 앞에서 공언한 것이어서 변개하지 못하고 마침내 군병을 시켜서 세례 요한의 목을 잘라서 그 여자아이에게 주었다. 하나님의 사람 세례 요한, 여자가 낳은 자 중에 가장 큰 인물이었으며 메시아의 선구자였던 세례 요한은 그렇게 하여 순교하였다. 그는 그리스도를 증거하다가 순교한 최초의 인물이 되었다.

시 몬

유대인들이 세상에 흩어져 살게 된 것은 그 역사가 복잡하다. 알렉산드리아에 많은 유대인이 살고 있었고 다메섹 안디옥을 비롯하여 사람이 사는 곳이면 어디든지 유대인의 피는 흐르고 있었던 것 같다. 당시의 유대인들은 천하 각국에 흩어져 살았다. 북왕국 이스라엘이 BC 721년 앗수르에 의하여 멸망하면서 10지파의 백성들이 온 세상으로 흩어지게 된 것이다. 그리고 남왕국 유다가 BC 586년 바벨론의 느부갓네살에 의하여 멸망할 때도 상당수의 사람들이 예레미야의 권면을 뿌리치고 애굽으로 내려가게 되었다. 그러한 역사를 가진 유대인들은 온 세상에 흩어져 살기로 유명한 민족이 되었다.

사도행전의 오순절에 나오는 기사에서 우리는 유대인들이 얼마나 넓은 지역에 분포되어 있었는지를 알 수 있다.

"그때에 경건한 유대인이 천하 각국으로부터 와서 예루살렘에 우거하더니 이 소리가 나매 큰 무리가 모여 각각 자기의 방언으로 제자들의 말하는 것을 듣고 소동하여 다 놀라 기이히 여겨 이르되 보라 이 말하는 사람이 다 갈릴리 사람이 아니냐 우리가 우리 각 사람의 난 곳 방언으로 듣게 되는 것이 어찜이뇨 우리는 바대인과 메대인과 엘람인과 또 메소보다미아 유대와 가바도기아, 본도와 아시아, 브루기아와 밤빌리아, 애굽과 및 구레네에 가까운 리비야 여러 지방에 사는 사람들과 로마로부터 온 나그네 곧 유대인과 유대교에 들어온 사람들과 그레데인과 아라비아인들이라 우리가 다 우리의 각 방언으로 하나님의 큰 일을 말함을 듣는도다 하고 다 놀라며 의혹하여 서로 가로되 이 어찐 일이냐 하며 또 어떤 이들은 조롱하여 가로되 저희가 새 술이 취하였다 하더라"(행 2:5-13).

시몬은 유대인으로서 구레네에 살다가 예배하기 위하여 모처럼 예루살렘으로 온 것이 분명하다. 아마 이번 순례를 위하여 오랫동안 저축을 해왔을 것이다. 그리고 설레는 마음으로 예루살렘에 왔을 것이다. 구레네에서 예루살렘까지는 경비도 경비려니와 지리적으로 상당한 거리였다. 구레네는 리비아 북쪽의 해변 시르테만의 동쪽에 위치한 도시로서 로마의 행정구역으로서는 '키레나이카'도의 수도였다. 이 도시는 헬라인들 중 도리아인들에 의하여 세워진(BC 632) 도시였다. 그리하여 주전 440년까지 헬라의 식민도시로 발전해오다가 마침내 애굽의 프톨레미 왕조 치하에 들어가게 되었고 주전 96년경 로마에 병합되었던 도시였다. 주후 365년에는 지진이 이 지역을 강타하였고 주후 642년에 이슬람에 의하여 정복된 후 그 명망이 사라지게 되었다. 지금은 리비아의 한 지역으로 되어 있는 곳이다.

이곳에 유대인들이 살기 시작한 것은 대략 주전 300년경이었다고 한다. 그렇다면 예수님 당시에는 구레네에 살고 있었던 유대인들의 수효가 상당했을 것으로 볼 수 있다.

시몬은 그 해 유월절에 예루살렘에 올라와 예수님께서 십자가를 지고 가시는 길에 있다가 억지로 말려들어서 지치고 피곤하신 예수님의 십자가를 대신 지고 가게 되었다. 일반적으로 사형수를 형장으로 끌고 갈 때는 네 사람의 병정이 전후좌우에 서서 동행하도록 하였다. 그런데 예수님께서는 새벽에 맞은 채찍에 의하여 피를 너무 많이 흘리신 탓으로 자꾸만 쓰러지고 일어서도 휘청거리기 시작하셨다. 로마의 병정들이 사정없이 채찍을 휘둘러댔다. 그런데 맞을수록 정신이 드는 것이 아니라 쓰러져서는 일어나지 못하셨다.

이를 지켜보던 로마병정이 곁에 있던 건장한 시몬의 어깨를 창자루로 툭 치면서 "너! 이것을 받아 져" 하면서 억지로 시몬의 어깨에다가 십자가를 짊어지웠던 것이다. 시몬은 매우 언짢게 생각했을 것이고 불쾌하게 여겼을 것이다. 아마 속으로 "재수 없다"고 생각했을 것이다. 그 후 그가 어떻게 예수님을 믿었는지는 기록이 없으나 마가가 복음서를 기록할 때는 이미 그의 아들들과 함께 교회 내에서 유명한 사람들이 되어 있었던 것이 거의 확실한 것 같다. 알렉산더와 루포라면 이미 로마교회에서 누구나 다 아는 사람이었던 것 같다. 그리고 우리는 바울이 로마인들에게 쓴 로마서에서 루포의 어머니는 곧 내 어머니라고까지 하는 표현을 읽을 수 있다. "주 안에서 택하심을 입은 루포와 그 어머니에게 문안하라 그 어머니는 곧 내 어머니니라"(롬 16:13).

마가와 바울이 다 이 시몬의 아들 루포와 그의 어머니에게까지 상당한 친분을 가지고 있는 것으로 나타나고 있는 것이다. 이로 보건대 시몬은 그날 십자가를 지고 가서 그 십자가에 못박히시는 것까지 다 목격한 것으로 볼 수 있다. 십자가를 대신 지고 갈 때는 매우 불쾌하게 생각되었지만 그 시몬에게 특별하신 하나님의 은혜가 있었던 것으로 미루어 생각할 수 있다.

그가 오순절까지 예루살렘에 있었는지는 알 수가 없다. 그러나 오순절에 성령강림을 목격한 사람들 중에는 구레네 가까운 리비아 여러 지방에서 온 사람들이 있었다고 기록하고 있다(행 2:10).

그리고 사도행전에서는 안디옥교회의 선지자와 교사들의 이름이 등장할 때 거기에 니게르라 하는 시몬이 나오고 구레네 사람 루기오가 등장하고 있다. 니게르는 일반적으로 피부가 검은 사람들을 통칭하는 말이기도 하다.

이들은 그때 벌써 교회의 교사로 봉사하고 있었고 거기에서 바울이 이 시몬과 그의 아내를 존경하여 가까이 할 수 있었던 것이 분명하다. 루포와 알렉산더는 바울과 나이가 비슷했을 것이고 시몬과 그의 자애로운 아내, 곧 루포의 어머니는 독신 생활하는 바울과 또 바나바를 비롯하여 주께 선택받아 헌신하는 안디옥의 교사들의 뒷바라지를 해온 것이 거의 틀림이 없는 것 같다.

그 후에 시몬은 수가 높아 하나님 나라로 가고 알렉산더와 루포는 어머니를 모시고 로마에 가서 로마교회의 기둥 같은 일꾼들이 되었을 것이다.

열두 제자도 다 흩어져버리고 홀로 남겨진 주님께서 극도의 고난을 겪으시는 중에 이 시몬의 봉사가 이루어진 것이다. 비록 억지로 지고 가는 십자가이기는 하지만 그 해 유월절에 예루살렘에 순례하러 왔던 사람들 중에 이 검은 피부의 사나이야말로 가장 의미 있고 보람 있고 가치 있는 순례의 경험을 간직하게 된 것이다. 그리고 예루살렘의 대제사장도, 율법학자들도 알지 못하고 십자가에 못 박히게 했으며 3년이나 동고동락하던 열두 제자들도 다 주를 버리고 자신들이 안전을 위하여 도망가 버렸는데 아프리카 사람인 시몬이 주님의 십자가를 대신 지고 골고다 언덕길을 동행하여드린 것이다.

때로는 억지로라도 누군가를 위하여 선한 일을 해놓고 볼 일이다.

요 셉

의인들만 모아놓으면 그 중에도 악인이 있고, 악인들만 모아놓으면 거기에도 선한 사람이 나온다는 말이 있다. 산헤드린 의회가 대체로 잘못된 것은 부인할 수 없는 사실이지만 그 중에도 니고데모와 같은 사람도 있고 또 아리마대 요셉 같은 사람도 있는 것이다. 관원들 중에서도 이름들이 드러나지는 않았지만 주님을 믿은 사람들이 상당수 있었던 것이 나중에야 밝혀지게 되었다. 요한은 그러한 사실을 나중에 깨닫고 그의 복음서에 기록하고 있다. "그러나 관원 중에도 저를 믿는 자가 많되 바리새인들을 인하여 드러나게 말하지 못하니 이는 출회를 당할까 두려워함이라"(요 12:42).

우리는 천사들만 있던 곳에서 사탄이 나왔던 것을 기억해야 한다. 열두 제자들 중에서 가룟 유다 같은 사람이 있었던 것이다. 의인들만 모아놓았다고 해도 그 중에 몇은 아주 악한 사람들이 또 생겨나는 것을 볼 수 있다고 한다. 반대로 악인들만 모아서 수용하는 곳에서 시간이 지나면 몇몇은 아주 선한 사람이 된다고 한다. 이러한 것은 선이나 악이 상대적이라는 것을 우리에게 가르치는 것이다.

아리마대 요셉은 유대인이다. 아마 히틀러가 볼 때는 유대인들은 다 죽여 버려야 할 사람으로 보였는지 모르지만 그 유대인들 중에는

세상에 둘도 없이 선하고 아름다운 사람들이 많이 있다는 것을 알아야
한다. 셰익스피어가 쓴『베니스의 상인』에 나오는 고리대금업자가 유
대인이었는데 이름이 샤일록이다. 그 사람을 생각하면서 연상하면 유
대인들은 다 죽일 놈들만 있는 것처럼 보인다. 이처럼 예수님을 십자가
에 못 박은 사람들이 유대인들이라고 생각하고 유대인들이면 무조건
미워하는 습성이 있는 사람들도 있을 수 있다.

아리마대 요셉은 부자였다. 그의 성품으로 보아서 부정한 방법으로
부자가 된 것 같지는 않다. 부자라는 것 그 자체가 죄가 되거나 혹은
저주받은 것은 결코 아니다. 아브라함과 이삭은 거부였다고 기록되어
있다. 기왕이면 하나님 앞에 물질적인 은혜를 받아서 풍성하게 되는
것이 좋다. 그래야 주님의 이름을 빛나게 할 선한 일도 할 수 있는 것이
다. 머리를 쓰고 노력만 하면 잘 살 수 있는 자유와 권리가 보장되어
있는 나라에서 가난하다는 것은 아무 자랑거리도 아니다. 주님을 위해
서 부귀영화를 버렸거나 주께 다 바쳤거나, 아니면 흩어서 사람들에게
나누어주었다면 모르거니와 지혜가 없어서 가난하거나 게을러서 가난
한 것은 오히려 수치가 될지언정 자랑은 아닌 것이다. 우리가 아는 대
로는 이 아리마대 요셉은 상당한 부자였다고 한다. 이 사람에 관해서는
이사야서에 이미 부자라고 예언되어 있다(사 53:9).
　아리마대 요셉은 명예와 권세를 가진 사람이었다. 유대인의 세계에
서 관원이 된다고 하는 것은 쉬운 일도 아니고 또 힘쓴다고 다 되는
것도 아니었다. 산헤드린 의회는 각 지파에서 열두 명씩을 선발하여
구성하던 것인데, 명망과 덕망과 식견을 고르게 갖추어야 하는 것이다.
아리마대 요셉이 이러한 명예와 권세를 가진 것을 두고 우리는 바로
이러한 사람이 의회 의원의 자격이 있다고 말할 수 있을 것이다.
　요셉과 함께 의로운 사람으로 니고데모라는 사람이 또 있었다. 70

명의 의회 의원들 중에는 이 외에도 훌륭한 사람들이 있었을 것이다.

아리마대 요셉은 믿음과 용기를 가진 사람이었다. 모든 사람이 예수 그리스도를 신성모독자라고 정죄하고 있지만 요셉은 이것이 사실이 아니라는 것을 알고 있었다. 이 사건이 대제사장들의 시기로 된 것임은 본디오 빌라도가 벌써 알았을 정도인데 산헤드린 의회의 의원들이 몰랐을 리가 없다. 만약에 몰랐다고 하면 그는 정말 산헤드린 의원의 자격이 없는 것이다.

그는 당돌하게 나아가 예수님의 시신을 달라고 했다. 하나님의 일을 하는 데는 때로 용기가 필요하다.

불의를 보고 자신의 신변의 안전만을 위해서 입을 닫아버리는 사람을 우리는 의인이라고 할 수 없다. 자기의 점잖은 이미지 관리를 위하여 그 알량한 명예에 손상이 갈 것 같아서 말해야 할 때 입을 닫아버리는 것은 옳지 않다. 사람이 침묵해야 할 때가 있지만, 만약에 말해야 할 때 침묵한다면 직무유기이며 무책임한 행위가 될 것이다. "아니오" 해야 할 때 "아니오"라고 할 수 있어야 한다. 그것은 인격을 가진 사람의 책임이기 때문이다.

요셉이 예수님의 재판에서 나와 "아니오"를 하지 않은 것에 대하여 구구한 이론들이 있다.

첫째, 산헤드린 의회를 정상적으로 소집하지 않고 불법으로 진행되게 함으로써 의도적으로 아리마대 요셉과 니고데모를 소외시켰던 것으로 볼 수 있다. 확인할 수는 없으나 충분히 그럴 가능성은 있다. 예수님께서 십자가에 달리신 시간이 오전 9시였다. 그 시간은 정상적으로라면 이제 출근했을 시간인데, 그때 이미 심리판결, 형 확정과 형 집행까지 완료되었으니 소외된 의원들은 모르고 있었다는 설은 충분히 이해할 수 있다.

아리마대 요셉이 이 사건을 알게 된 것은 아마도 십자가에 달리신 후였을 가능성이 있다. 당시에는 신문도 없었고 뉴스 속보 같은 라디오나 텔레비전이 없었던 시절이라 새벽에 해치운 재판에 니고데모나 아리마대 요셉이 제외되었을 가능성은 얼마든지 있을 수 있다.

둘째, 아리마대 요셉은 예수님께서 십자가를 지게 될 것을 알았다고 보는 견해이다. 예수님의 열두 제자들은 이 사실을 모르고 있었으나 아리마대 요셉은 이사야 53장 9절에 예언된 메시아의 죽음을 위하여 무덤을 예비할 사람이 자기 자신이라는 사실까지 알고 있었다는 추측도 해볼 수 있다. 산헤드린의 하는 일을 처음부터 끝까지 가장 바르게 알고 있었던 사람은 이 사람 아리마대 요셉뿐이었는지도 모른다. 그래서 그는 자기의 무덤까지 다 준비한 것으로 볼 수 있다.

셋째, 위의 두 가지를 절충해서 이해할 수도 있을 것이다. 처음에는 모르고 있었는데 뒤늦게 소문을 듣고 갈보리 산으로 달려간 아리마대 요셉이 예수님의 십자가에 달리신 것을 보고 그 밑에서 예수님의 하시는 말씀을 듣고 깨닫게 되어 세마포를 준비하고 무덤을 준비하여 장사를 치른 것으로 볼 수 있다.

성경은 아리마대 요셉을 "존귀한 공회의원"이라고 기록하고 있다 (막 15:42-43).

마가는 예루살렘 사람이어서 아리마대 요셉이라는 공회원이 훌륭하고 존귀한 사람이라는 사실을 알았을 것이다. 공회원은 공무원이라고 할 것이다. 공무원은 공평해야 한다. 공정해야 한다. 공公과 사私를 구별할 줄 알아야 한다. 우리는 아리마대 요셉의 삶의 자세 가운데서 모범적이고 공정하고 공과 사를 구별하면서도 믿음과 소망과 사랑을 간직한 신앙의 향기를 느낄 수 있다.

베다니의

마리아

때는 마지막 한 주간 중 수요일 저녁이었다고 생각된다. 이틀이 지나면 유월절이라고 한 것을 보면 거의 틀림이 없을 것이다. 장소는 베다니였다. 베다니는 예루살렘에서 멀지도 않을 뿐만 아니라 나환자들이 거주하는 지역이었다. 평소에는 문둥이 나사로의 집에 가시는 것이 보통이었지만 그날은 특별히 문둥이 시몬의 집에 들어가셨다고 한다. 한 집에 여러 번 신세를 지는 것이 미안해서인지도 모른다.

이 여자가 누구인지는 밝혀지지 않았다.

마태복음에서도 이 여인의 이름은 밝히지 않고 있다.

그러다가 나중에 기록된 요한복음에는 그 여인이 나사로의 여동생 마리아라고 기록하고 있다(막 14:1-9; 마 26:6-13; 요 12:1-8).

언제나 그렇지만 사랑으로 한 행위는 이성으로 납득하기 어려운 일이 많다. 사랑은 철학을 넘어선다. 사랑은 과학적인 법칙을 넘어서게 된다. 사랑은 율법을 넘어서게 된다. 사랑은 합리를 넘어서게 된다. 그러므로 사랑하는 사람이 하는 일은 때로는 이해할 수 없는 경우가 많다.

그리고 사랑의 결과도 우리는 이해하기 어렵다. 사랑하기 때문에 모든 것을 바쳐버리기도 하고 사랑하기 때문에 죽기까지 하는 것이 사람이다.

이 여인이 주님을 사랑한 사랑은 모든 것을 다 바친 것이나 다름없다.

"한 바리새인이 예수께 자기와 함께 잡수시기를 청하니 이에 바리새인의 집에 들어가 앉으셨을 때에 그 동네에 죄인인 한 여자가 있어 예수께서 바리새인의 집에 앉으셨음을 알고 향유 담은 옥합을 가지고 와서 예수의 뒤로 그 발 곁에 서서 울며 눈물로 그 발을 적시고 자기 머리털로 씻고 그 발에 입맞추고 향유를 부으니 예수를 청한 바리새인이 이것을 보고 마음에 이르되 이 사람이 만일 선지자였더면 자기를 만지는 이 여자가 누구며 어떠한 자 곧 죄인인 줄을 알았으리라 하거늘 예수께서 가라사대 시몬아 내가 네게 이를 말이 있다 하시니 저가 가로되 선생님 말씀하소서

가라사대 빚 주는 사람에게 빚진 자가 둘이 있어 하나는 오백 데나리온을 졌고 하나는 오십 데나리온을 졌는데 갚을 것이 없으므로 둘 다 탕감하여 주었으니 둘 중에 누가 저를 더 사랑하겠느냐 시몬이 대답하여 가로되 제 생각에는 많이 탕감함을 받은 자니이다 가라사대 네 판단이 옳다 하시고 여자를 돌아보시며 시몬에게 이르시되 이 여자를 보느냐 내가 네 집에 들어오매 너는 내게 발 씻을 물도 주지 아니하였으되 이 여자는 눈물로 내 발을 적시고 그 머리털로 씻었으며 너는 내게 입맞추지 아니하였으되 저는 내가 들어올 때로부터 내 발에 입맞추기를 그치지 아니하였으며 너는 내 머리에 감람유도 붓지 아니하였으되 저는 향유를 내 발에 부었느니라

이러므로 내가 네게 말하노니 저의 많은 죄가 사하여졌도다 이는 저의 사랑함이 많음이라 사함을 받은 일이 적은 자는 적게 사랑하느니라 이에 여자에게 이르시되 네 죄사함을 얻었느니라 하시니 함께 앉은 자들이 속으로 말하되 이가 누구이기에 죄도 사하는가 하더라 예수께서 여자에게 이르시되 네 믿음이 너를 구원하였으니 평안히 가라 하시니라"(눅 7:36-50).

네 복음서의 기사가 다른 것 같기도 하고 같은 것 같기도 하여 어렵게 느껴질 것이다. 그러나 문제는 예수님께서 죄를 사하실 뿐만 아니라 죄인의 집에 들어가시고 초대받으셨을 때 응하셨다는 것이다.

여기 이 여인은 시몬이 알기로는 죄인이었다. 그것도 보통 죄인이

아니라 알 만한 사람은 다 아는 죄인이었던 것 같다.

여자가 죄인 취급당하는 경우는 도적질하거나 몸을 팔거나 하는 경우였다. 그런데도 이 여인이 용서받을 수 있다는 것은 한 가지 자기의 모든 것을 드려서 누군가를 사랑할 수 있다는 것이다.

누군가를 어떻게든지 사랑할 수 있다는 것은 믿을 수 있다는 것이며, 믿음과 소망이 있고 사랑을 할 수 있다면 그가 비록 지금 어떠한 지경에 처해 있든지 인간성이 남아 있다는 것이다.

완전히 인간성이 파괴된 사람은 아무 것도 믿을 수 없고 그 누구도 그 무엇도 사랑할 수 없게 되어버린 상태이다.

가장 불쌍한 사람은 아무 것도 믿지 못하는 사람이요, 가장 불행한 사람은 아무도 사랑할 수 없는 사람이다.

이루어지지 않을 수도 있고 거절당할 수도 있지만, 누군가를 사랑할 수 있다면 그 사람은 희망이 있는 사람이요 행복할 여지가 남아 있는 사람이다.

오늘 본문의 여인은 누구를 진정으로 사랑해보기도 전에 몸과 마음이 짓밟힌 여인인 듯하다. 정조를 밀가루로 바꾸어 먹으면서 살아온 여인이었던 것이다.

몸은 이미 더럽혀졌으니 아무리 사랑하는 사람이 있다 할지라도 바칠 수는 없는 여인이었다. 그러나 마음은 그녀가 갖고 있던 옥합 속에 간직한 향유처럼 간직하고 있던 여인이었다. 깊고 깊은 가슴속에 간직한 순정은 뭇 남정네가 지나쳐도 결코 깨뜨리지 못했던 것이다.

그녀는 많은 남자들을 겪어보았다.

다 육욕의 노예들에 불과한 사람들이었다.

기억에도 남지 않는 사람들이었다.

그러나 주님의 설교를 들으면서 그녀의 마음 깊은 곳에 깊이 간직한 순수 무구한 사랑이 처음으로 불타올랐다.

그리고 그 사랑은 달리 표현할 길이 없었다.

예수님을 보고 사랑한다는 말을 하기에는 너무나도 추한 입술이었다.

정조를 밀가루로 바꾸어 먹던 입술로 주님을 사랑한다는 말을 할 수가 없었다.

지금까지 상대하였던 남자들에게 몸은 주었으나 마음은 준 적이 없었고, 지금 주님 앞에는 마음을 드릴 수 있었으나 몸은 드릴 수가 없었다.

그는 주님께서 식사하시는 자리까지 가까이 다가갔다.

두려움이나 부끄러움 같은 것이 그녀의 사랑을 가로막지는 못하였다.

그리고는 그 마음속 깊은 곳에 간직하였던 순정과 향유는 함께 깨뜨려졌다. 지금까지는 아무도 예수님을 그렇게 사랑한 사람이 없었다.

이 여인 또한 누구에게도 그런 사랑을 바쳐본 적은 없었다.

이스라엘 여인들의 머리카락은 곧 정조와도 같은 것이다.

그 머리카락으로 주님의 발을 닦았다.

그 여인은 그 외에 아무 것도 바라지 않았다.

이렇게 사랑하오니 어떻게 해달라는 것도 없었다.

그저 그렇게 사랑하였고, 그렇게 표현하였고, 그렇게 바쳤고, 더 바칠 것도 없었다.

그녀가 바친 향유는 적어도 300만원 내지 500만원을 호가하는 값진 것이었다. 그러나 그녀의 마음은 값으로 계산할 수가 없는 것이었다.

예수님은 이 여인을 부끄러워하신 것이 아니라 복음이 전파되는 곳에서는 이 여인의 이야기를 전하여 기념하라고 하셨다.

좋은 일 중에서 헬라어로 '아가도스'가 있고 '칼로스'가 있다. 아가도스는 도덕적이고 당연한 일이고, 칼로스는 그 윤리를 넘어서는 아름다운 일이다. 이 여인이 한 일은 칼로스였다.

가룟 유다

성경 속에 등장하는 많은 인물들 중에 가룟 유다만큼 이해하기 어려운 사람도 흔하지 않다. 어느 사람인들 우리가 다 알 수 있는 것은 아니지만 어떤 사람은 아무리 이해하려고 해도 이해하기 어렵다. 그 중에 가룟 유다는 성경학자들이 다 어려워하는 인물이다.

예외가 있을 수 있지만 알 수 없는 사람 치고 좋은 사람은 흔하지 않다. 선악간에 자신의 속마음을 다 드러내어 놓는 사람은 크게 존경받지는 못한다 해도 그런 사람들 중에서 크게 나쁜 사람은 없다. 자기의 마음을 열지 않고 끝까지 닫고 있는 사람들 중에 문제의 인물이 많다. 과거 현재 미래가 투명한 사람이라야 교제하기가 쉽다. 가룟 유다의 경우는 여러 가지 면에서 참으로 알 수 없는 사람 중 한 사람이다.

우리는 그의 가정 환경을 잘 알 수 없다. 자라온 배경을 알 수가 없고 예수님을 따르기 전에 무슨 일을 하던 사람인지도 분명하지 않다. 뿐만 아니라 예수님께서 어떻게 불러서 따르게 했는지도 기록이 없다. 그런데 그는 예수님의 열두 제자 중에 끼어 있었다. 그리고 3년이나 예수님과 동거했다는 것은 의심의 여지가 없는데 어찌해서 예수님을 배신했는지 이해할 수가 없다. 그리고 왜 자살했는지도 알 수가 없다. 이렇게 보면 그야말로 수수께끼 같은 인물이 바로 가룟 유다이다.

가룻이라는 말은 아마도 지명인 듯하다. 그리고 그의 아버지의 이름이 시몬이었다는 것만 알 수 있다.

"예수께서 대답하시되 내가 너희 열둘을 택하지 아니하였느냐 그러나 너희 중에 한 사람은 마귀니라 하시니 이 말씀은 가룻 시몬의 아들 유다를 가리키심이라 저는 열둘 중의 하나로 예수를 팔 자러라"(요 6:71).
"마리아는 지극히 비싼 향유 곧 순전한 나드 한 근을 가져다가 예수의 발에 붓고 자기 머리털로 그의 발을 씻으니 향유 냄새가 집에 가득하더라 제자 중 하나로서 예수를 잡아줄 가룻 유다가 말하되 이 향유를 어찌하여 삼백 데나리온에 팔아 가난한 자들에게 주지 아니하였느냐 하니 이렇게 말함은 가난한 자들을 생각함이 아니요 저는 도적이라 돈궤를 맡고 거기 넣는 것을 훔쳐 감이러라"(요 12:3-6).

이것이 요한이 본 유다의 모습이다.
요한은 다른 제자들에 비하여 사물을 세밀하게 잘 살피고 또 그것을 기억하고 있는 편이었다. 요한은 다른 제자들에 비하여 확실히 관찰력이 있는 편이었다. 물고기가 잡혔을 때 그것이 몇 마리나 되는지 일일이 다 세어보는 사람이었다. 시계도 없는 시대였지만 사건이 몇 시쯤에 일어났는지를 기록한 사람은 요한밖에 없다. 유다가 돈궤를 맡아서 거기서 얼마씩을 훔쳐 가는 것을 보았던 것 같다. 유다가 그 단체의 회계를 맡았던 것은 사실이었다.
그러나 유다가 돈을 훔쳐서 치부한 사람 같지는 않다. 예수님을 판 자라고 간단하게 말하게 되지만, 그가 나중에 돈을 집어던지고 가서 자살한 것을 보아도 그를 단순히 돈에 탐닉한 사람으로 보기에는 어딘가 석연치 않은 점이 있다는 것이다.
한편 유다가 그렇게 한 것은 유다의 뜻이기 이전에 사탄의 뜻을 수행한 것이라고 기록한 곳이 있다.

"마귀가 벌써 시몬의 아들 가룟 유다의 마음에 예수를 팔려는 생각을 넣었더니"(요 13:2).

"열둘 중에 하나인 가룟인이라 부르는 유다에게 사단이 들어가니"(눅 22:3).

"조각을 받은 후 곧 사단이 그 속에 들어간지라 이에 예수께서 유다에게 이르시되 네 하는 일을 속히 하라 하시니"(요 13:27).

사탄이 유다를 택한 것이었다. 사람이 하는 일 같지만 어떤 일은 사탄의 일이었다. 이러한 일은 가룟 유다에게만 있었던 것이 아니라 누구에게나 있을 수 있는 것이다.

한때는 베드로에게도 사탄이 들어갔었다. 예수님께서 지적을 했을 때 베드로는 정신을 차리게 되었고 무사히 그 시험을 넘기게 되었다. 그 후로도 사탄은 여러 번 베드로를 넘어뜨리려고 해보았고 주님께 정식으로 청구를 했다고 기록되어 있다. "시몬아 시몬아 보라 사탄이 밀 까부르듯 하려고 너희를 청구하였으나 그러나 내가 너를 위하여 네 믿음이 떨어지지 않기를 기도하였노니 너는 돌이킨 후에 네 형제를 굳게 하라"(눅 22:31-32).

우리는 인간들의 하는 일이 도대체 이해되지 않는 경우가 있다. 그러나 그 배후를 살피면 언제가 거기에는 사탄이 있었다는 것을 깨닫게 된다.

우리는 가룟 유다가 은 30냥에 스승을 팔았다고 알고 또 성경에도 그렇게 기록되어 있지만, 사실은 은 30냥에 가룟 유다 자신이 팔린 것이라는 것을 깨닫게 된다.

악을 행하는 사람들은 사실 사탄에게 팔려서 악을 행하는 것이 대부분이다. 그런 사람들은 바로 그 후에 후회하게 되고 자기가 무슨 정신으로 그렇게 했는지를 모르겠다고 말하는 경우가 많다. "예로부터 아합과 같이 스스로 팔려 여호와 보시기에 악을 행한 자가 없음은 저가 그 아내 이세벨에게 충동되었음이라"(왕상 21:25).

가롯 유다는 조급하였다고 볼 수 있다. 사람들이 대개 두 가지의 오류를 범하는데 그 중의 하나는 미련하고 게을러서 때를 놓치는 것이고 다른 한 가지는 조급하고 성급한 나머지 너무 서두르다가 일을 그르치는 것이다. 이 두 가지 오류가 다 인간의 허물이 되지만 조급한 사람보다는 오히려 미련한 사람에게 바랄 것이 있다고 기록하고 있다.

"노하기를 더디 하는 자는 크게 명철하여도 마음이 조급한 자는 어리석음을 나타내느니라"(잠 14:29).
"부지런한 자의 경영은 풍부함에 이를 것이나 조급한 자는 궁핍함에 이를 따름이니라"(잠 21:5).
"네가 언어에 조급한 사람을 보느냐 그보다 미련한 자에게 오히려 바랄 것이 있느니라"(잠 29:20).

많은 학자들이 가롯 유다가 예수님을 배반한 것은 죽을 줄 알고 배반한 것은 아니라고들 한다. 가롯 유다는 예수님께서 죽은 자를 살려내는 것을 몇 번씩이나 보았던 사람이다. 물위를 걸어가시고 바람과 바다를 잔잔케 하시고 병자를 고치시고 오병이어로 오천 명을 먹이신 주님이 사람들 손에 체포되거나 호락호락하게 당하시거나 하지는 않을 것으로 알았다는 것이다. 그러나 하도 예수님께서 거사를 연기하시고 또 죽으실 것을 말씀하시니 유다로서는 예수님으로 하여금 하나님의 아들로서의 권능을 발휘하여 악한 세상을 정면으로 심판하시고 부패한 권력과 정면으로 마주치게 하려고 그렇게 했을 것이라는 것이다.

결코 돈 30냥 때문에 예수님을 판 것이 아니라고 보는 견해이다. 그런데 예수님은 맥없이 사로잡히셨고 빌라도에게 피투성이가 되도록 맞아 끌려나오셨으며 제자들은 한꺼번에 배신해 뿔뿔이 흩어졌다. 그것을 보자 유다가 제정신으로 돌아와 양심에 가책을 받고 제사장들을 찾아가 은 30냥을 내던졌으며 나가서 스스로 목매어 자살하고 말았다는 것이다.

배신을 하기는 다른 제자들도 다 마찬가지였다. 그러나 다른 제자들은 주님께서 시키시지 않은 일을 저지르지는 않았다. 그리고는 부활을 목격하게 되었다.

우리가 신비에 싸인 가룟 유다에 대하여 알 수 있는 것은 별로 없다. 그러나 확실한 것은 주님께서 지적을 해도 가룟 유다가 자기의 생각을 바꾸지 않았다는 것이다. 베드로는 주님께서 책망하실 때 곧 깨닫고 자기 생각을 버리고 주님의 말씀에 귀를 기울였다. 그리고 언제나 주님의 곁을 떠나지 않았다. 오해라는 것은 언제나 멀어지면서 쌓이게 되는 것이다.

무리 중에서 나누이는 자는 대개 자기의 길을 가는 자이다.

"저희가 기도하여 가로되 뭇사람의 마음을 아시는 주여 이 두 사람 중에 누가 주의 택하신 바 되어 봉사와 및 사도의 직무를 대신 할 자를 보이시옵소서 유다는 이를 버리옵고 제 곳으로 갔나이다 하고 제비뽑아 맛디아를 얻으니 저가 열한 사도의 수에 가입하니라"(행 1:24-26).

사려 깊은 랍비

가말리엘

‘**가**말리엘’은 ‘하나님의 상급’이라는 뜻을 가진 이름이다. 통상 랍반 가말리엘 1세Rabban Gamaliel I를 가리키는 이름이다.

그는 대랍비 힐렐Hillel의 손자며 시몬의 아들이고, 바리새파의 유명한 율법학자요 산헤드린 공회원, 헤롯의 종교 문제 조언자였다고 한다.

그는 스데반과 사도 바울의 스승(행 22:3)으로서 매우 사려 깊은 학자였다고 볼 수 있다.

유대인들의 역사의 3대 랍비(에스라, 힐렐, 가말리엘) 중의 한 사람이다.

사도시대에 예루살렘에서 유대교를 지도한 대학자로 대략 AD 25-50년경에 활약한 것 같다. 율법 해석에 엄격한 삼마이Shammai 학파와는 달리 율법 해석에 온건한 입장을 취한 힐렐Hillel 학파의 대표적 인물로서 안식일, 이혼 등에 대해 자유롭고 온건한 견해를 가진 인물이었다.

그는 유력한 유대교 가문 출신으로 헬라 문학을 전공하였고, 바리새파의 대지도자로 성장하였다. 그는 대율법학자요 공회원으로서 사도들을 심문하는 공회 석상에서 조리 있는 말로 청중들을 설득하였다 (행 5:33-40).

후일 기독교 신앙으로 개종했다고 전해지나 확실치 않다. AD 50년경에 별세하였다고 전해지고 있다. 한편 바울이 그의 스승인 가말리엘에게 자기가 만난 예수님을 어떻게든지 전도했을 것이라는 추측도 할수 있다.

자기 동족을 그렇게까지 사랑하고 율법에 빚진 자의 심령으로 살았던 바울이 그의 스승에게도 복음을 전했을 것으로 사료되나 확인할수는 없다.

가말리엘은 안식일, 결혼, 이혼 등에 대해 자유롭고 온건한 입장을 취하는 힐렐 학파의 전형적 인물로서 사도들의 복음전파에 대해서도 역시 너그러운 입장을 취했다. 전설에는 스데반을 끔찍이도 사랑하여 바울과 다른 바리새인들을 온건하게 하려고 애를 쓴 것으로 전해진다.

바리새인이었던 가말리엘은 교법사로 모든 백성에게 존경을 받는 자였다. 그 문하에서 스데반이 나왔고, 특히 초대교회의 복음 전도자 사도 바울의 스승으로서 바울에게 직접, 간접으로 지대한 영향을 끼쳤다.

그는 중후한 학자적 인품과 덕망을 갖춘 사람으로서 사도 시대 당시에 유대교의 정신적 지도자였다.

백성들은 그를 존경하여 일반 존칭 '랍비'Rabbi('나의 선생') 대신 최상의 존칭인 '랍반'Rabban('우리의 선생')을 처음으로 부여했다.

랍비 가말리엘 사후死後에 기록된 『미슈나Mishnah』에는 다음과 같이 기록되어 있다.

"랍반 가말리엘 장로의 죽음과 함께 율법의 영광이 중단되었다."

아마도 가말리엘이 죽은 후에는 기독교가 예루살렘에 가득하였기 때문에 그러한 말이 나왔을 것으로 본다.

그는 고상한 학식으로 사도 바울을 길러내었고(행 22:3), 뛰어난 언변으로 사도들을 변증해주었다(행 5:33-40). 결국 가말리엘은 초기 복음 확장에 간접적으로 도움을 준 것이다.

"대제사장과 그와 함께 있는 사람 즉 사두개인의 당파가 다 마음에 시기가 가득하여 일어나서 사도들을 잡아다가 옥에 가두었더니 주의 사자가 밤에 옥문을 열고 끌어내어 가로되 가서 성전에 서서 이 생명의 말씀을 다 백성에게 말하라 하매 저희가 듣고 새벽에 성전에 들어가서 가르치더니 대제사장과 그와 함께 있는 사람들이 와서 공회와 이스라엘 족속의 원로들을 다 모으고 사람을 옥에 보내어 사도들을 잡아오라 하니 관속들이 가서 옥에서 사도들을 보지 못하고 돌아와 말하여 가로되 우리가 보니 옥은 든든하게 잠기고 지킨 사람들이 문에 섰으되 문을 열고 본즉 그 안에는 한 사람도 없더이다 하니 성전 맡은 자와 제사장들이 이 말을 듣고 의혹하여 이 일이 어찌 될까 하더니 사람이 와서 고하되 보소서 옥에 가두었던 사람들이 성전에 서서 백성을 가르치더이다 하니 성전 맡은 자가 관속들과 같이 서서 저희를 잡아왔으나 강제로 못함은 백성들이 돌로 칠까 두려워함이러라 저희를 끌어다가 공회 앞에 세우니 대제사장이 물어 가로되 우리가 이 이름으로 사람을 가르치지 말라고 엄금하였으되 너희가 너희 교를 예루살렘에 가득하게 하니 이 사람의 피를 우리에게로 돌리고자 함이로다

베드로와 사도들이 대답하여 가로되 사람보다 하나님을 순종하는 것이 마땅하니라 너희가 나무에 달아 죽인 예수를 우리 조상의 하나님이 살리시고 이스라엘로 회개케 하사 죄사함을 얻게 하시려고 그를 오른손으로 높이사 임금과 구주를 삼으셨느니라 우리는 이 일에 증인이고 하나님이 자기를 순종하는 사람들에게 주신 성령도 그러하니라 하더라

저희가 듣고 크게 노하여 사도들을 없이하고자 할쌔 바리새인 가말리엘은 교법사로 모든 백성에게 존경을 받는 자라 공회 중에 일어나 명하여 사도들을 잠깐 밖에 나가게 하고 말하되 이스라엘 사람들아 너희가 이 사람들에게 대하여 어떻게 하려는 것을 조심하라 이전에 드다가 일어나 스스로 자랑하매 사람이 약 사백이나 따르더니 그가 죽임을 당하매 좇던 사람이 다 흩어져 없어졌고 그 후 호적할 때에 갈릴리 유다가 일어나 백성을 꾀어 좇게 하다가 그도 망한즉 좇던 사람이 다 흩어졌느니라

이제 내가 너희에게 말하노니 이 사람들을 상관 말고 버려두라 이 사상

과 소행이 사람에게로서 났으면 무너질 것이요 만일 하나님께로서 났으면 너희가 저희를 무너뜨릴 수 없겠고 도리어 하나님을 대적하는 자가 될까 하노라 하니 저희가 옳게 여겨 사도들을 불러들여 채찍질하며 예수의 이름 으로 말하는 것을 금하고 놓으니 사도들은 그 이름을 위하여 능욕 받는 일이 합당한 자로 여기심을 기뻐하면서 공회 앞을 떠나니라

저희가 날마다 성전에 있든지 집에 있든지 예수는 그리스도라 가르치 기와 전도하기를 쉬지 아니하니라"(행 5:17-42).

이때 만약 가말리엘이 지혜롭게 말리지 않았다면, 베드로를 비롯 하여 모든 사도들이 한 사람도 남지 않고 다 돌에 맞아 죽었을 것이다. 가말리엘은 역시 학자다운 학문과 덕망과 권위를 가지고 있었다. 정치 적인 종교인이나 정치적인 학자가 아니라 역사적인 관점에서 드다의 사건과 갈릴리 유다의 사건을 예로 들어서 설득력 있게 한 마디 한 것이 사도들로 하여금 위기를 면케 한 것이다.

그러나 이 사람도 왜 좀 더 적극적으로 그리스도를 알려고 하지 않았는지에 대해서는 아쉬움이 남는다. 적어도 니고데모처럼 예수님 을 찾아가서 알아보아야 했을 것인데 그는 자기 체면 때문인지 한 번 도 예수님을 찾아가서 만나 뵌 적은 없었다.

실천적인 전도자
안드레

안 드레는 '남자답다'라는 뜻이다. 그는 시몬 베드로의 형제로 갈릴리 벳새다 출신의 어부였다(요 1:44). 일반적으로 세례 요한의 제자였다가 예수님의 제자가 되었다고 알려지고 있다(요 1:40).

주님의 부르심을 받은 즉시 그물과 배를 놓아두고 그리스도의 제자가 된 것을 볼 때 상당히 결단력이 있는 인물이었음을 알 수 있다.

복음을 듣고 제일 먼저 형제 베드로를 주께로 인도한 것을 볼 때 실천적인 인물이었다고 볼 수 있다(요 1:40-42).

그럼에도 불구하고 항상 베드로가 우위를 차지한 것으로 보아 모든 것을 형에게 우선적으로 양보하는 겸손한 성품을 가졌던 것 같다. 굶주린 무리들에게 떡을 나누고(요 6:8-9) 예수님을 찾는 자를 안내하는 일(요 12:21-22)에 제일 앞장을 서는 등, 도움이 필요한 이웃에게 가장 먼저 관심을 가졌던 것으로 보아 인정이 많았던 사도였음을 알 수 있다.

주님의 부름을 듣고 즉각 자신의 모든 소유를 버린 채 주를 좇은 안드레의 결단력은 그리스도의 복음을 듣고서도 세상에 대한 미련을 버리지 못하는 성도들에게 많은 것을 생각하게 한다.

자기를 부인하지 않는 자는 주의 제자가 될 수 없다(마 17:24).

안드레의 첫 번째 전도 대상자가 형제 베드로였다는 사실은 복음을 전하는 데도 순서가 있음을 보여준다. 안드레가 베드로의 전도자임에도 불구하고 성경에서 시종 베드로보다 미미하게 소개되는 것은 베드로가 형이기도 하지만 안드레는 조용하게 자기 일을 잘 처리하는 성품을 가지고 있었고, 반면에 베드로는 그 특유의 적극적인 자세와 단순하고 우직한 믿음이 제자들에게 지도력을 발휘할 수 있는 인물로 인정을 받았기 때문이다.

안드레는 그리스도의 승천 후 다른 제자와 더불어 복음전파 사역에 힘썼다(행 1:13-14). 역사가 유세비우스에 의하면 초대교회 확장기(AD 1세기 중반)에 흑해의 스구디아에서 전도하였다는 기록이 있다. 전승에 의하면 그가 아가야에서 십자가에 달려 순교한 것으로 전해진다.

베드로는 일반적으로 요한과 함께 다니는 편이었고, 안드레는 빌립과 동행하는 편이었다. 예수님께서 둘씩 짝을 지어 보내실 때도 서로 잘 맞는 사람들끼리 보내셨던 것이다. 빌립과 안드레가 다 갈릴리 벳새다 출신이어서 서로 가까이 한 것으로도 볼 수 있다.

"요한의 말을 듣고 예수를 좇는 두 사람 중에 하나는 시몬 베드로의 형제 안드레라 그가 먼저 자기의 형제 시몬을 찾아 말하되 우리가 메시아를 만났다 하고(메시아는 번역하면 그리스도라) 데리고 예수께로 오니 예수께서 보시고 가라사대 네가 요한의 아들 시몬이니 장차 게바라 하리라 하시니라(게바는 번역하면 베드로라) 이튿날 예수께서 갈릴리로 나가려 하시다가 빌립을 만나 이르시되 나를 좇으라 하시니 빌립은 안드레와 베드로와 한 동네 벳새다 사람이라
빌립이 나다나엘을 찾아 이르되 모세가 율법에 기록하였고 여러 선지

자가 기록한 그이를 우리가 만났으니 요셉의 아들 나사렛 예수니라

나다나엘이 가로되 나사렛에서 무슨 선한 것이 날 수 있느냐 빌립이 가로되 와 보라 하니라

예수께서 나다나엘이 자기에게 오는 것을 보시고 그를 가리켜 가라사대 보라 이는 참 이스라엘 사람이라 그 속에 간사한 것이 없도다

나다나엘이 가로되 어떻게 나를 아시나이까 예수께서 대답하여 가라사대 빌립이 너를 부르기 전에 네가 무화과나무 아래 있을 때에 보았노라

나다나엘이 대답하되 랍비여 당신은 하나님의 아들이시요 당신은 이스라엘의 임금이로소이다"(요 1:40-49).

요한의 증거에 의하면 안드레야말로 일찍이 세례 요한을 따르던 사람이었다. 그리고 예수님을 맨 먼저 만난 제자였다. 그리고 그에 의해서 베드로가 예수님을 만나게 되었다. 그는 베드로와 친형제간이면서도 베드로와는 성격상 차이가 있는 것 같다. 베드로는 거의 직선적이고 즉흥적인 성격을 가진 반면 안드레는 조용히 자기 일을 하는 사람이었다. 같은 배에 타고 있었지만 안드레는 신중하게 생각하고 행동하였다. 그들이 배에서 기적적으로 고기를 많이 잡았을 때도 시몬 베드로는 예수님의 발 앞에 꿇어 엎드러 말하기를 "나는 죄인이로소이다. 나를 떠나소서" 하였으나 안드레는 그냥 지켜보고 있었다.

물위로 걸어오시는 예수님을 보고 베드로는 자신도 물위로 따라 걸어보겠다고 하다가 풍랑을 보고 빠지기도 하는가 하면 성급하게 말고의 귀를 자르거나 하는 행동이 보인다. 그러나 안드레의 모습은 늘 조용한 편이었고 엉뚱한 일을 거의 하지 않았다. 디베랴 바닷가에서 부활하신 주님께서 새벽에 찾아오셨을 때도 베드로는 물에 뛰어내려 헤엄쳐서 주님께로 나왔지만 안드레는 그냥 배를 저어서 침착하게 나왔다. 안드레는 베드로에 비하여 온건하고 견실하며 신중하고 침착한

성품의 소유자였다. 그리고 언제나 다른 사람들을 위해 준비하고 염려하는 사람이었다.

초대교회는 안드레가 가장 먼저 선택되었다는 사실을 증거하고 있다. 그리고 예수님을 메시아로 알아본 최초의 사람이었다(요 1:40-41).
안드레는 세례 요한을 따르는 데도 상당히 앞섰던 사람이요, 예수님을 따르는 사람들 중에서도 다른 사람에 비하여 앞서고 있는 것을 볼 수 있다. 그는 이스라엘의 소망을 가지고 늘 마음속으로 메시아의 출현을 사모하면서 자라왔던 것으로 보인다.
무엇을 처음 시작하는 데는 용기와 믿음이 필요하다. 안드레는 그러한 용기와 분별력과 믿음과 확신을 가지고 다른 사람들에게 이 사실을 전하는 사람이 되었다.

안드레는 형제 베드로를 주님께로 데려왔던 사람이다.
세상에서 가장 가까우면서도 가장 먼 사람들이 가족들이다. 다른 사람을 전도하기도 쉽지 않지만 가족을 전도하기란 결코 쉬운 일이 아니다.
그러나 그렇게 신중하고 침착한 안드레의 말이라면 베드로가 믿지 않을 수 없었을 것이다. 예나 지금이나 자기 가족을 전도하는 사람들과 어린아이를 전도하는 사람들이 대개 훌륭한 전도자가 되었다. 아마도 무디가 그 대표자가 될 것이다.
안드레는 어린아이를 예수님께로 데리고 왔다. 어린아이가 예수님의 말씀을 듣는 데 몰입하여 해가 질 무렵까지 가져왔던 빵을 먹는 것도 잊어버리고 있었다. 그 어린아이의 보리떡과 물고기를 예수님께로 가져갔던 사람이 이 안드레였다.
예수님께서 마지막 유월절을 지키시기 위하여 예루살렘에 올라가셨을 때 헬라인 몇이 빌립에게 이끌리어 안드레와 함께 예수님께 간 일이 있었다. 빌립과 안드레는 그저 사람만 만나면 예수님께로 데리고 가는 것이었다.

"명절에 예배하러 올라온 사람 중에 헬라인 몇이 있는데 저희가 갈릴리 벳새다 사람 빌립에게 가서 청하여 가로되 선생이여 우리가 예수를 뵈옵고 자 하나이다 하니 빌립이 안드레에게 가서 말하고 안드레와 빌립이 예수께 가서 여짜온대 예수께서 대답하여 가라사대 인자의 영광을 얻을 때가 왔도 다 내가 진실로 진실로 너희에게 이르노니 한 알의 밀이 땅에 떨어져 죽지 아니하면 한 알 그대로 있고 죽으면 많은 열매를 맺느니라 자기 생명을 사랑하는 자는 잃어버릴 것이요 이 세상에서 자기 생명을 미워하는 자는 영생하도록 보존하리라"(요 12:20-25).

바 울

바울은 '작은 자'라는 뜻이지만 본래의 이름은 '사울'이었다. 그는 베냐민 지파로서(빌 3:5), 길리기아의 다소에서 태어났으며 날 때부터 로마 시민권을 가지게 되었는데 이것이 그의 선교여행에 많은 도움이 되었다(행 22:3, 26-28).

전설에 의하면 스데반과는 가말리엘 문하의 동문이었다고 한다. 스데반은 예수님을 보다 일찍 영접하였는데 바울은 그 특유의 고집으로 인하여 상당한 기간 동안 반대하며 저항하고 있는 모습을 보게 된다. 스데반을 죽여야 한다고 사형언도에 가편 투표를 했다고 진술하고 있는 것을 볼 때 바울의 집념은 대단한 것이었다. 스데반의 순교(AD 30년) 이후 이어지는 교회의 대 박해에는 바로 바울이 주축이었다.

바울은 소아시아의 길리기아 평원에 위치한 다소 출신이었다. 당시의 다소는 매우 번성한 도시였다. 그리고 특별히 교육열이 높은 학문의 도시였다(행 9:11; 21:39; 22:3). 바울의 아버지는 로마 사회에서 인정받을 만큼 유력한 사람이었던 것 같다. 그가 나면서부터 로마 시민권을 가지게 되었다는 것은 그의 아버지가 베냐민 지파의 유대인이면서도 로마 시민으로서의 활약을 한 사람이었다는 것을 알게 한다.

바울이 언제쯤 예루살렘의 가말리엘 문하에 들어왔는지는 확실치 않다.

그가 헬라어에 익숙하고 히브리어를 유창하게 구사할 수 있었다는 것을 볼 때 그 아버지의 경건을 어느 정도 알 수 있다. 아들을 예루살렘에 유학시킬 정도로 민족주의자이면서도 로마 시민으로서 행사한 것을 보면 그의 가정은 어느 정도 여유가 있었던 것으로 볼 수 있다.

그는 가말리엘 문하생 중에서 지나칠 정도로 엄격한 성격의 소유자였다(갈 1:14).

그는 스데반의 순교 장면을 보면서 큰 충격을 받은 것 같다. 스데반의 설교는 역사적 사실을 가지고 성령의 지혜를 힘입어 바울의 폐부를 깊이 찔렀다.

바울은 애써 그 진리를 거부하면서 오히려 더 힘써 주를 믿는 사람들을 박해하였다. 그렇게 하는 것이 자신의 마음속에 일어나는 갈등을 이기는 길이라고 생각했을 것이다. 예루살렘에서 많은 성도들을 잡아다 옥에 가두고 다메섹까지도 원정을 갈 정도로 그 일에 열심이었다. 유대인들의 이러한 열심은 흔히 있는 일이었다. 바울이 예수님을 믿은 후 복음을 전하게 되었는데 그러한 곳에는 유대인 중에서 열심이 특심한 사람들이 따라오면서 핍박한 것을 여러 차례 볼 수 있다.

제 1차 전도여행을 다녀왔을 때는 예루살렘에서 수리아 안디옥까지 내려와서 할례를 주장한 할례당들이 있었다(행 15:1-2).

제 2차 전도여행 중 마게도냐의 데살로니가에서 바울을 박해하던 유대인들이 베뢰아까지 따라와서 핍박을 하였다(행 17:10-15).

바울의 나이를 정확하게는 알 수 없지만 대략 예수님과 비슷했을 것으로 본다. 그가 다메섹 도상에서 주를 만난 후 제 3차 전도여행을 마치고 예루살렘에 오순절을 지키기 위하여 도착했을 때는 AD 58년경이었다.

당시 예루살렘 분봉왕은 헤롯 아그립바 1세였다.

바울은 결정적으로 다메섹 도상에서 변화를 체험하지만 그의 변화는 상당한 시간을 두고 계속되었다. 그러나 그가 진리의 도를 들은 후에는 곧 전도자가 되었다. 그것은 그가 지금까지 구약의 율법을 오랫동안 연구해놓은 기초가 있었기 때문에 진리를 바르게, 그리고 빠르게 파악한 것으로 보아야 한다. 우리가 일반적으로 사도행전이라고 하면 여러 사도들의 행적이 담겨 있는 것으로 생각할 수 있다. 그러나 실상은 베드로와 바울의 행적이라고 할 수 있을 정도로 두 사람의 이야기로 가득 차있다.

1장부터 11장까지는 대체로 베드로를 주축으로 한 예루살렘과 가이사랴, 욥바에서의 활동을 기록하고 있다.

그러나 9장에서 바울의 회개와 함께 이야기는 전 세계로 퍼져나가게 된다. 9장에서 28장까지는 바울 행적이라고 할 수 있다.

사도행전 29장은 성경에 없지만 우리 자신이 우리의 현장에서 사역하면서 기록해야 할 부분이다. 그러므로 사도행전은 끝난 책이 아니라 각자가 이어서 기록해나가야 할 책이라 할 수 있다.

그러한 의미에서 사도행전이 책으로는 28장에서 끝이 났으나 그 사역은 계속되어야 하는 것이다.

공자는 얼마나 진리를 사모했던지 "조문도朝聞道면 석사夕死라도 가可하니라"고 했다. 그런데 우리는 지금 도를 듣고 믿었다.

그리고 그 도는 영생의 도이며 공자님이 그렇게 듣고 싶어하던 그 진리인 것이다.

바울은 철학에서나 율법에서 듣지 못했던 그 도를 들은 것이다.

그리고는 이 도를 전하는 전도자의 한 사람이 된 것이다.

바울은 말하기를 "이 직분을 자랑스럽게 여긴다"고 하였다.

"내가 이 복음을 부끄러워하지 아니한다"고 했다.

이 복음은 모든 믿는 자에게 구원을 주시는 하나님의 능력이 되기 때문이라고 했다.

그리고 이 복음을 전하기 위하여 당시의 온 세계를 누비고 다녔다. 소아시아 일대를 다 다녔다.

그리고 마게도냐와 아가야, 일루리곤까지 복음을 전하였다.

마침내 로마에까지 가서 복음을 전하였다.

다시 풀려나자 그는 그레데로, 다시 에베소로 그리고 마게도냐와 아가야, 니고볼리로 계속해서 복음을 전하였다. 그리고 다시 체포되어 로마 감옥에서 디모데후서를 쓰고 네로 왕에 의하여 67년경에 순교하였다.

그의 여정은 실로 머나먼 길이었다.

그는 유대인으로서 베냐민 지파의 사람인데 그의 아버지에 의하여 길리기아 다소(타르수스)에서 태어났다. 그리고 헬라인들의 철학에 대하여 공부를 했다. 세상적인 학문으로는 최고 학부를 거친 사람이었다.

이에 만족하지 않고 그는 예루살렘으로 와서 바리새파에 소속을 두고 열심히 율법을 공부했다.

유대인들이 다 존경하는 가말리엘 선생의 문하에서 공부할 때 여러 연갑자보다 열심이 특심한 사람으로 알려질 정도였다.

그의 장래는 얼마든지 보장받을 수 있을 정도로 박식한 사람이었다.

헬라어와 히브리어를 자유롭게 구사하여 당시의 신분으로서는 부러울 것이 없었다. 그는 또한 로마의 시민권을 가지고 있었다. 그리고 또 천막을 짓는 기술까지 가지고 있었다. 그러나 그가 예수님을 만나게 된 날부터는 하루도 편한 날이 없이 이 복음을 들고 달리고 또 달려서, 싸우고 또 싸우면서 천국 문이 바라다 보이는 곳, 면류관이 보이는 곳까지 오게 된 것이다.

그 동안 옥에 갇히기만도 네 번씩이나 했다.
빌립보의 감옥에서 한번, 가이사랴에서 2년, 로마 옥에서 2년, 다시 로마 감옥에서 순교하기까지 기록상 밝혀지는 경우만 해도 네 번이었다.
매를 맞은 경우는 수도 없이 많았다고 한다.
죽도록 맞은 적이 여러 번이었다.
그때마다 충분히 맞았는데 용케도 다시 살아났다.
유대인들에게 맞은 것이 다섯 번이었다고 한다.
그들의 매질은 39대를 때리는 혹독한 매질인데 이런 매를 맞으면 거의 죽다시피 된다.
태장을 맞은 것이 세 번이었다고 한다.
한 번은 돌로 맞아서 죽을 뻔하였다.
배를 탔는데 파선을 당하기를 세 번을 당했다고 기록하고 있다.
고린도후서를 쓸 당시는 아직 로마로 가지 않았을 때였다.
로마로 가는 뱃길에서 유라굴로라는 허리케인을 만나서 14일을 햇빛 한 번 보지 못하고 굶주리다가 마침내는 파선을 당한 경험도 있다.
그래서인지 바울은 배를 타지 않고 걷기를 좋아했던 것 같다.
멀고 오랜 여행 중에 강의 위험과 바다의 위험을 당하였다.
강도들에게 위협을 당하기도 하였다.
동족들 특히 유대인들을 만나면 반가워야 할 텐데 겁부터 먼저 났다.
이방인들의 무법천지 같은 곳을 헤매고 다니면서 복음을 전하자니 그 위험이 한두 번이 아니었다.
시내의 위험과 광야의 위험을 당하였다. 거짓형제 중의 위험을 당하기도 하였다. 수고하면서도 굶고 애를 쓰면서도 춥고 헐벗은 적이 한두 번이 아니었다. 여러 번 잠을 잘 수 없는 환경에 처하게 되었으며 주리고 목말랐다.

이외의 일은 고사하고 날마다 무겁게 눌리는 짐이 있었는데 교회들을 위하여 염려하는 것이었다.

누가 약하면 애가 타고 누가 시험에 들면 근심이 되고,

누가 실족하게 되면 걱정이 되고,

누가 낙심하면 같이 낙심이 되는 것이 목자의 마음이다.

바울은 건강마저 좋지 못해서 여러 번 몸져눕기도 했다.

그가 걸어간 발자취를 더듬어보면 실로 놀라지 않을 수 없다.

1. 다소-예루살렘-다메섹-예루살렘-다소-아라비아-다소-안디옥-구브로의 살라미-바보-밤빌리아-수리아 안디옥-이고니온-루스드라-더베-루스드라-이고니온-안디옥-앗달리아-실루기아-수리아 안디옥

2. 안디옥-예루살렘-안디옥-다소-더베-이고니온-루스드라-안디옥-갈라디아-부르기아-드로아-마게도냐-네압볼리-빌립보-암비볼리아-아볼로니아-데살로니가-베뢰아-아테네-고린도-에베소-로데-바보-가이사랴-예루살렘-안디옥

3. 안디옥-다소-더베-이고니온-루스드라-안디옥-갈라디아-부르기아-에베소-드로아-빌립보-데살로니가-베뢰아-아테네-고린도-일루리곤-고린도-베뢰아-데살로니가-빌립보-드로아-앗소-미둘레네-밀레도-고스-로데-바다라-바보-두로-돌레마이-가이사랴-예루살렘

-가이사랴-시돈-무라-그니도-살모네-라세아-뵈닉스-멜리데-수라
구사-레기온-보디올-로마

4. 로마-그레데-에베소-골로새-히에라볼리-에베소-드로아-빌립
보-데살로니가-베뢰아-아테네-고린도-니고볼리-로마의 마메딘 감
옥에서 디모데후서를 쓰고 네로의 칼에 참수형을 당하여 순교-천국으
로 가셨다.

우리가 사도행전을 18장 11절까지 읽고 고린도에서 1년 6개월을
체류하는 동안에 바울이 데살로니가전서를 썼다는 사실을 알게 된다.
그리고 이어서 데살로니가후서도 기록했고, 갈라디아서도 이때 기록
한 것으로 볼 수 있다.

바울은 처음에는 철학을 공부하였고 나중에는 율법을 공부하였다.
그러나 그때까지는 하나님의 사랑을 알 수 없었다. 그러다가 그가 다
메섹 도상에서 주님을 만나고 나서부터는 하나님의 사랑을 배우게 된
것이다.

하나님의 사랑을 모르면 무슨 지식을 가지고 있어도 아무 것도 아
닌 것이다. 사랑이 없으면 사실 아무 것도 아닌 것이다.

"또 누구든지 하나님을 사랑하면 이 사람은 하나님의 아시는 바 되었느
니라"(고전 8:3).

"내가 사람의 방언과 천사의 말을 할지라도 사랑이 없으면 소리나는
구리와 울리는 꽹과리가 되고 내가 예언하는 능이 있어 모든 비밀과 모든
지식을 알고 또 산을 옮길 만한 모든 믿음이 있을지라도 사랑이 없으면
내가 아무 것도 아니요 내가 내게 있는 모든 것으로 구제하고 또 내 몸을
불사르게 내어줄지라도 사랑이 없으면 내게 아무 유익이 없느니라 사랑은
오래 참고 사랑은 온유하며 투기하는 자가 되지 아니하며 사랑은 자랑하지

아니하며 교만하지 아니하며… 사랑은 언제까지든지 떨어지지 아니하나 예언도 폐하고 방언도 그치고 지식도 폐하리라… 그런즉 믿음 소망 사랑 이 세 가지는 항상 있을 것인데 그 중에 제일은 사랑이라"(고전 13:1-13).

영원하지 못한 것 곧 폐하게 될 것이 있으니 곧 예언과 방언과 지식 이요, 영원히 폐하지 않을 것이 있나니 곧 믿음과 소망과 사랑인데 그 중에 제일은 사랑이라고 할 수 있다.

바울은 사랑이 없으면 아무 것도 아니라고 단정한 뒤에 신령한 것 을 구한다 할지라도 사랑을 따라 구하라고 권면한다. 이런 말씀들은 다 하나님의 사랑을 맛보고 체험하고 나서 남긴 말씀들이다.

"사랑을 따라 구하라 신령한 것을 사모하되 특별히 예언을 하려고 하 라"(고전 14:1).

"너희 모든 일을 사랑으로 행하라"(고전 16:14).

하나님의 사람들이 하나님과의 교제를 통하여 알게 된 것은 하나 님이 인간들을 사랑하신다는 것이다. 그러므로 가장 신령한 지식은 하 나님의 사랑을 얼마나 깨닫느냐 하는 것이다. 그리고 가장 거룩한 의 는 이웃 사랑하기를 제 몸같이 하는 것이다. 가장 큰 은혜는 우리가 사람이라는 것이다.

아볼로

아볼로는 율법에 정통한 알렉산드리아 출신의 유대인 학자였다. 고대의 알렉산드리아는 학문의 도시였다. 필로와 같은 대학자의 고장이었으며 구약성경을 헬라어로 번역한 70인역(LXX)이 바로 알렉산드리아에서 번역된 것이었다. 아볼로의 학구열은 대단하여, 알렉산드리아에서 학문을 닦은 후 예루살렘으로 왔다. 예루살렘에서 그는 세례 요한을 만났으며 거기서 다시 주님의 제자들을 만나게 되었고, 결국은 에베소에서 브리스길라와 아굴라를 만났으며, 마침내는 바울을 만나게 되어서 복음의 진수를 배우게 되었던 것이다.

처음에 아볼로는 세례 요한의 회개를 외치면서 성경을 가르치고 다녔다. 아볼로를 세례 요한의 제자로 보는 사람들도 있다(행 18:24-25).

그는 일찍부터 여러 지역을 두루 다니며 주의 복음을 전했으나 복음에 대해 정확한 지식을 갖지는 못했음을 알 수 있다(행 18:25).

때는 사도 바울이 2차 전도여행을 마치고(AD 53-58년경) 고린도를 떠나 에베소에 도착하여 그곳에 아굴라와 브리스길라 부부를 세워서 준비를 하게 하고는 자신은 유대 가이사랴로 갔을 때이다. 바울은 그 길로 예루살렘과 안디옥을 거쳐서 갈라디아와 비시디아 브루기아를 차례로 돌아서 에베소로 향하는 중이었다.

그때 난데없이 아볼로가 에베소에 날아들었다. 아볼로가 주의 말씀을 전한다고 하지만 아굴라와 브리스길라가 들어본즉 무엇인가 좀 미흡한 데가 있었다. 아굴라와 브리스길라는 아볼로를 불러서 주의 도를 자세히 풀어서 일러주었다(행 18:26-27).

아볼로가 여러 가지 학문에는 조예가 있지만 주님의 도는 바르게 알지 못했던 것이다. 아볼로는 그 길로 바울이 떠나와서 비어 있는 고린도로 건너갔다.

고린도에 갔을 때 교회의 환영을 받았지만 시간이 흐르면서 교회란 웅변이나 학문만 가지고는 바르게 지도할 수 없다는 것을 깨닫게 된다.

아볼로가 건너가자 교회는 곧 분파가 일어나게 되었다. 어떤 사람들은 아볼로를 좋아하였다. 그런가 하면 역시 깊은 은혜를 체험한 사람들은 바울의 복음의 깊이를 따르지 못하는 아볼로의 설교에 은혜를 받지 못하였다.

혹은 말하기를 나는 베드로파를 하겠다고 나왔다. 그리고 다른 사람들은 나를 그리스도파라고 주장하였다.

아볼로는 뛰어난 웅변으로 많은 제자를 얻었는데, 특히 고린도교회에서는 아볼로파가 생길 정도였다(고전 1:12).

극심한 분파주의자들로 인해 어려움을 겪고 있던 고린도교회를 바로잡아보려고 무진 애를 써보았지만 끝내 수습을 할 수가 없었다. 그래서 아볼로는 에베소에 있는 바울의 곁으로 건너왔고 두란노서원에서 바울에게 복음의 진수를 익히게 되었다. 아볼로는 기초학문을 잘 닦은 사람이라 진전이 빨랐을 것이다. 바울은 다시 고린도로 건너가라고 많이 권했지만 아볼로가 얼마나 혼이 났던지 다시는 고린도에 갈 뜻이 없다고 했다(고전 16:12).

아볼로는 당대에 뛰어난 학자요 구약에 정통한 설교자였지만 이름
도 없는 브리스길라와 아굴라 부부에게 복음을 배운 것으로 보아 배움
에 열심을 다했을 뿐만 아니라 겸허한 인물이었던 듯하다(행 18:25).

당시 전도자의 대부분이 이방인보다는 유대인들에게 더 많은 핍박
을 받고 있었음에도 불구하고 회당에서 담대하게 주의 복음을 증거한
점은 그가 용기 있는 전도자임을 보여주는 것이다(행 18:26).

많은 제자들이 생겨나고 자기 의사와는 무관하게 아볼로파가 형성
된 것을 볼 때, 뛰어난 설교자이며 인격적으로도 존경을 받을 만한 인
물이었던 것은 의심의 여지가 없다. 그러나 성경에 대해 뛰어난 지식
을 가졌음에도 불구하고 복음에는 무지했기 때문에 복음의 본질을 배
워야 했던 것이다.

성경에 대해 많은 지식을 소유하는 것과 복음의 진수를 깨닫는 것
은 다른 것이다. 복음을 들음으로써 아볼로의 성경에 대한 해박한 지
식은 더욱 큰 진가를 발휘하게 되었다. 복음은 우리로 주의 자녀가 되
게 하는 동시에, 하나님의 자녀답게 살아갈 수 있는 능력이 있게 하는
것이다.

뛰어난 학자 아볼로가 천막 제조업자인 브리스길라 부부에게 복음
의 도를 배웠다는 사실은 신분이나 지위 때문에 오히려 복음을 쉽게
받아들이지 못하는 많은 지식인들에게 시사하는 바가 있다.

"알렉산드리아에서 난 아볼로라 하는 유대인이 에베소에 이르니 이 사
람은 학문이 많고 성경에 능한 자라 그가 일찍 주의 도를 배워 열심으로
예수에 관한 것을 자세히 말하며 가르치나 요한의 세례만 알 따름이라 그가
회당에서 담대히 말하기를 시작하거늘 브리스길라와 아굴라가 듣고 데려
다가 하나님의 도를 더 자세히 풀어 이르더라 아볼로가 아가야로 건너가고

자 하니 형제들이 저를 장려하며 제자들에게 편지하여 영접하라 하였더니 저가 가매 은혜로 말미암아 믿은 자들에게 많은 유익을 주니 이는 성경으로써 예수는 그리스도라고 증거하여 공중 앞에서 유력하게 유대인의 말을 이김일러라"(행 18:24-28).

전승에 의하면 후에(AD 63년경) 아볼로가 그레데에서 사역을 했다고 한다. 그때 바울은 제1차 로마 감옥에서 풀려 나와 다시 그레데와 에베소, 마게도냐를 여행하는 중이었다. 바울은 그레데 섬에 디도를 떨어뜨려 두었다. 그래서 바울이 그레데에 있는 디도에게 편지를 하면서 그곳의 아볼로와 교법사 세나를 먼저 니고볼리로 보내어 사전에 선교를 위한 준비를 하게 하였다(딛 3:13).

바디매오

예수님께서 예루살렘으로 올라가시는 길에 여리고를 지나시게 되었다. 지금 올라가는 길이 이제는 마지막으로 지나시는 길이었다. 이제 올라가시면 그 길로 십자가를 지실 것이기 때문에 사실상 여리고에 사는 소경 바디매오로서는 이 기회야말로 절대 절호의 기회였던 것이다.

이러한 사실을 바디매오가 알지는 못했을 것이지만 바디매오는 그 기회를 용하게 포착하였다. 천하만사는 때가 있는 것이다.

사실 바디매오는 이 기회를 하마터면 놓칠 뻔하였다.

그날은 바디매오가 길가에 앉아 있었다. 많은 사람이 지나가는 소리가 났다. 무슨 일이냐고 물어보았다. 그런데 사람들은 나사렛 예수가 지나간다는 것이었다. 이 말을 들은 바디매오는 순간적으로 소리 질렀다.

"다윗의 자손 예수여, 나를 불쌍히 여기소서!"

놀라운 일이었다. 그는 예수님을 본 적이 없다.

그는 장님이었다. 장님의 의식 세계는 오직 들을 수 있는 것과 감촉에 의한 세계라고 할 수 있을 것이다. 그들은 시각이 없는 대신 청각은 고도로 발달하게 된다고 한다. 아울러 발달하게 되는 것은 사고력일 것이다. 들은 것을 사고하고 종합하고 분석하는 데는 눈을 뜬 사람보다 눈을 감은 사람에게 훨씬 더 풍부한 사유의 세계가 형성될 것이다.

바디매오는 그 동안 떠도는 소문을 통하여 '예수님이 누구일까?' 하는 것을 생각해보았던 것이다. 그리고 이 분이야말로 바로 메시아이며 곧 다윗의 자손이라는 결론을 얻어낸 것이다. 그가 듣기는 '나사렛 사람 예수'라고 들었는데, 그는 '다윗의 자손 예수'라고 부르고 있는 것이다.

제자들은 예수님과 3년이나 동고동락을 해도 겨우 예수님이 그리스도이신 것을 알까말까 한 정도였는데, 소경 바디매오는 단지 풍문으로 떠도는 소리를 듣기만 해도 그가 메시아 곧 다윗의 자손인 것을 알아보았다는 것이다. 예수님께서 이 바디매오의 목소리를 들으셨다. 성경학자들도 모르고 제사장들도 모르는 예수님을 소경이 알아보았다는 것은 참으로 아이러니컬한 사건이라 할 수 있다.

이것이 바로 믿음은 보는 데서 나는 것이 아니라 들음에서 나는 것이라는 진리를 다시 한 번 확신하게 하는 것이다.

기회가 오자 바디매오는 주저하지 않았다. 많은 사람들은 기회가 없었던 것이 아니라 믿음이 없었던 것이다. 그리고 그보다 더 많은 사람들은 기회가 왔을 때 용기가 없어서 포착하지 못한 경우가 허다한 것을 볼 수 있다.

기회란 사자처럼 생겼다고들 말한다.

앞에서 잡아야지 꼬리 쪽에서는 기회를 잡을 수가 없다고 한다.

많은 사람들이 조용히 하라고 했다.

그러나 바디매오는 크게 소리를 질렀다.

사람들은 제발 좀 조용히 하라고 했다.

바디매오는 더욱 더 큰 소리로 부르짖었다.

"다윗의 자손 예수여! 나를 불쌍히 여겨주옵소서!" 하고 고함을 질렀다.

이때 예수님께서는 걸음을 멈추시고 그를 불러오라고 말씀하셨다.

이에 저희가 바디매오에게 다가가서 "안심하고 일어서라. 너를 부르신다" 하니 소경 바디매오는 겉옷을 내어버리고 뛰어 일어나 예수께 나아왔다.

소경 바디매오뿐만 아니라 누구에게도 겉옷은 큰 재산이었다.

재산일 뿐만 아니라 생명과도 같은 것이었다.

겉옷은 겉옷이면서 또한 이불이기도 한 것이다.

밤이 되면 이것이 있어야 배를 덮고 잠이 들게 되어 있었다(출 22:26; 겔 18:7, 12, 16; 33:15; 암 2:8)

의복을 중시하던 시대에 바디매오가 주님의 부르심을 받고 스프링처럼 뛰어 일어나는 모습은 눈에 선하다.

실로 복된 순간이었다.

이 사람이 만약 소경이 아니었다면 이러한 영광을 맛보지 못했을는지도 모른다. 그가 예수님을 만나게 된 것은 정말로 소경이었기 때문이었다.

예수께서 물으셨다.

"내가 네게 무엇 하여주기를 원하느냐?"

이렇게 물으신 것은 이제까지 바디매오의 간구는 다만 "나를 불쌍히 여겨 주옵소서!"였으며 그것이 매우 추상적인 기도였기 때문이다.

주님은 구체적으로 무엇을 하여주기를 바라는지 이야기하라고 하신 것이다. 바디매오는 단도직입적으로 말했다.

"주여, 보기를 원하나이다!"

예수께서 말씀하시기를, "가라 네 믿음이 너를 구원하였느니라!"

분명히 이는 예수님께서 고쳐주신 것인데 주님은 "가라, 내가 너를 고쳤느니라” 하시지 않고, “네 믿음이 너를 구원하였느니라” 하셨다 (마 9:22; 막 5:34; 막 10:52; 눅 7:50; 8:48; 17:19; 18:42).

세상에는 눈을 감고도 보는 사실을 눈을 뜨고도 보지 못하는 비극이 있다. 장님들이 보는 예수님을 시력이 2.0인 사람이 보지 못하는 사실은 우리 주위에 얼마든지 있다.

어린아이가 보는 예수님을 학·박사는 보지 못하는 일이 우리 주위에는 얼마든지 있는 것이다. 지금까지 기독교 역사에 나오는 많은 소경들은 하나같이 다 믿음이 순수하였다고들 전한다.

야고보

야고보는 '발꿈치를 잡음' 또는 '추종자'라는 뜻의 이름이다. 이 이름은 일찍이 야곱의 이름에서 비롯된 이름인데, 유대인들의 이름에는 흔하게 쓰이던 이름이다. 신약성경에 등장하는 야고보만도 4명 정도 된다.

그들 중에 이 야고보는 요셉과 마리아 사이에서 난 예수의 친동생으로서의 야고보이다(마 13:55; 막 6:3).

예수님의 동생 야고보는 야고보서의 저자로 알려져 있다.

야고보는 예수님께서 살아 계실 때는 예수님을 믿지 않은 것으로 보인다. 그리고 예수님을 경건하지 못하다고 생각했던 것 같다.

그러다가 예수님께서 반항도 해보지 못하고 십자가에서 갑자기 돌아가시게 되자 평소에 예수님께 잘못했던 것이 생각나서 식음을 전폐하고 "형님이 평소에 말씀하시기를 장사한 지 3일만에 살아나실 것이라고 하셨는데 다시 살아나신 것을 보기 전에는 나도 영원히 음식을 입에 대지 않겠다"고 맹세를 했다고 한다. 그래서인지 예수님께서 부활하신 후 야고보에게 개인적으로 친히 사신 모습을 나타내셨다고 한다.

그리고는 "형제여, 이제는 내가 이렇게 살아났으니 너의 떡을 먹으라" 하고 말씀하셨다고 전해진다.

그 후로 그는 주님을 하나님의 아들로 믿었고, 나중에는 교회의 지도자가 되었다. 야고보는 초대교회의 존경받던 의인으로서 사도 야고보의 순교 후에 그 야고보의 자리를 대신할 만큼 지도력이 있던 인물이었다.

야고보는 동네 사람들로부터 '의인'이라는 별명으로 불려졌다. 그의 무릎은 너무 오랜 시간을 꿇고 기도하여서 낙타무릎처럼 되었다고 한다.

그는 결혼도 했던 것으로 보인다(고전 9:5).

그는 유대인들에게나 교회에서 존경을 받았던 것으로 보인다.

베드로도 감옥에서 풀려 나와서 그 야고보에게 보고하였다(행 12:17).

자기 자신은 철두철미한 삶을 살았으나 이방인들에게는 매우 부드러운 편지를 보냈다(행 15:13-29).

그는 유대인 전도에 몸과 마음을 바쳤다.

그러나 바울에게는 이방인 전도를 하도록 승인했으며 이를 기뻐했다.

그리고 바울은 야고보가 권면하는 일이면 순종하는 관계를 유지하고 있다.

야고보는 사도행전 제 15장에서 예루살렘총회가 모였을 때 의장 격으로 그 회의를 주재하였음을 알 수 있다.

야고보의 신학은 실천적인 믿음이 중요하다는 것을 강조하고 있다. 행함이 있는 믿음, 열매가 있는 믿음이 중요하다는 것을 강조하고 있는 것이다. 결국은 그 열매를 보아야만 그 나무를 알 수 있는 것이다.

요세푸스나 유세비우스가 인정한 역사가 헤게시퍼스Hegesippus의 기록에는 예루살렘이 멸망하기 전인 62년에서 67년경에 많은 유대인들이 기독교를 받아들이자, 이에 질투를 느낀 안나스와 바리새인, 서기관 등이 공회를 소집하고 야고보를 소환하여 공회 앞에 세우고, "예수님께서는 메시아가 아니다"라고 외치라는 명령을 내렸다고 한다.

그러나 야고보는 성전의 회랑에 서서 "예수님께서는 하나님의 아들이시며 세계의 심판자요 메시아이다"라고 큰 소리로 외쳤다.

이에 화가 난 바리새인들은 야고보를 땅바닥에 끌어내려 숨이 끊어질 때까지 돌을 던졌다.

이에 야고보는 무릎을 꿇고 "아버지여, 저들의 죄를 용서하여 주옵소서. 저들은 자기가 하는 일을 알지 못하나이다"라고 기도했다고 한다.

"또 내게 주신 은혜를 알므로 기둥같이 여기는 야고보와 게바와 요한도 나와 바나바에게 교제의 악수를 하였으니"(갈 2:9)라고 쓴 바울의 서신을 볼 때, 야고보와 베드로가 예루살렘교회의 기둥 같은 인물이었음을 알 수 있다.

야고보가 쓴 야고보서에는 자신을 예수님의 동생이라고 쓰지 않고 예수 그리스도의 종이라고 쓰고 있다.

"하나님과 주 예수 그리스도의 종 야고보는 흩어져 있는 열두 지파에게 문안하노라 내 형제들아 너희가 여러 가지 시험을 만나거든 온전히 기쁘게 여기라 이는 너희 믿음의 시련이 인내를 만들어 내는 줄 너희가 앎이라 인내를 온전히 이루라 이는 너희로 온전하고 구비하여 조금도 부족함이 없게 하려 함이라 너희 중에 누구든지 지혜가 부족하거든 모든 사람에게 후히 주시고 꾸짖지 아니하시는 하나님께 구하라 그리하면 주시리라 오직 믿음으로 구하고 조금도 의심하지 말라 의심하는 자는 마치 바람에 밀려 요동하는 바다 물결 같으니 이런 사람은 무엇이든지 주께 얻기를 생각하지 말라"(약 1:1-7).

야고보가 기록한 처음 한 절은 그의 권위를 느끼게 한다.

적어도 "흩어져 있는 열두 지파에게"라는 말은 아무나 할 수 있는 말은 아닐 것이다. 야고보는 적어도 이스라엘 전체를 상대로 하고 있다는 것을 볼 수 있는 것이다. 유대인들 중 특히 바리새인들의 믿음이 그야말로 말만 하고 행위는 없는 믿음이었다. 주님께서도 특별히 바리새인들의 누룩을 주의하라고 가르치신 바 있다.

"이에 예수께서 무리와 제자들에게 말씀하여 가라사대 서기관들과 바리새인들이 모세의 자리에 앉았으니 그러므로 무엇이든지 저희의 말하는 바는 행하고 지키되 저희의 하는 행위는 본받지 말라 저희는 말만 하고 행치 아니하며 또 무거운 짐을 묶어 사람의 어깨에 지우되 자기는 이것을 한 손가락으로도 움직이려 하지 아니하며 저희 모든 행위를 사람에게 보이고자 하여 하나니 곧 그 차는 경문을 넓게 하며 옷술을 크게 하고 잔치의 상석과 회당의 상좌와 시장에서 문안 받는 것과 사람에게 랍비라 칭함을 받는 것을 좋아하느니라 그러나 너희는 랍비라 칭함을 받지 말라 너희 선생은 하나이요 너희는 다 형제니라 땅에 있는 자를 아비라 하지 말라 너희 아버지는 하나이시니 곧 하늘에 계신 자시니라 또한 지도자라 칭함을 받지 말라 너희 지도자는 하나이니 곧 그리스도니라 너희 중에 큰 자는 너희를 섬기는 자가 되어야 하리라 누구든지 자기를 높이는 자는 낮아지고 누구든지 자기를 낮추는 자는 높아지리라"(마 23:1-12).

야고보서를 자세히 살펴보면 마태복음 23장의 예수님의 말씀과 거의 같은 내용을 많이 볼 수 있다.

진리가 진리 되는 증거는 사람의 삶을 변화시키되 선하고 아름답게 변화시키는 데 있다. 그러므로 진리는 역사적이고 실천적이어야 하며 또한 윤리적이어야 한다. 야고보는 실천적인 열매가 없는 믿음은 그 자체가 죽은 믿음이라고 강조하고 있는 것이다. 예수님께서도 그 열매를 보고야 그 나무를 알게 된다고 말씀하셨다.

바라바

바라바는 '아버지의 아들'이라는 뜻이다.

마태복음의 권위 있는 사본 레오도리온역에는 '바라바 예수'라고 되어 있다. 그렇다면 결국 예수가 둘이었다. 그날에 빌라도가 군중 앞으로 끌어낸 두 사람은 공교롭게도 둘 다 이름이 예수였다는 것이다.

한 사람은 바르나바스 예수, 즉 '아버지의 아들 예수'라는 뜻이고, 또 한 분은 그리스도 예수, 즉 '하나님의 아들 예수'라는 뜻이다.

많은 사람들이 바라바를 일반적인 강도요 살인자로 이야기한다. 그러나 자세히 보면 바라바는 보통 강도는 아니라는 것을 알 수 있다. 바라바가 민란을 꾸미고 민란에 살인한 자라고 기록하고 있는 것이다. 적어도 민란을 꾸미는 사람은 이기적인 일반 강도와는 다른 것이다. 가장 합당한 해석은 그가 유대 민족주의의 영웅으로 열심당원 중 유명한 사람이라는 것이다.

하여간 바라바는 남의 물건이나 훔치고 빼앗고 하는 도둑이나 연약한 자를 위협하여 금품이나 갈취하는 그런 인물은 아니었다.

그는 꽤 용감한 인물로서 민중들 사이에서는 오히려 인기가 있는 인물이었다.

그런 사람들 중에는 시카리Sicarii라고 하는 단체도 있었다. 이들은 언제나 단검을 소지하고 다녔다. 그들은 그 단검을 옷술 안에 차고 다니면서 필요한 때는 사용하였다. 그들은 과격하고 광신적인 애국주의자들이었다. 사람들의 소문은 여러 가지였을 것이다. 로마 정부에서는 강도요, 반동분자로 취급하였을 것이다.

그러나 바라바 자신은 스스로를 애국자라고 생각하고 있었을 것이다. 그리고 오히려 무관심한 사람들을 겁쟁이들이라고 생각했을 것이다.

"명절을 당하면 백성의 구하는 대로 죄수 하나를 놓아주는 전례가 있더니 민란을 꾸미고 이 민란에 살인하고 포박된 자 중에 바라바라 하는 자가 있는지라 무리가 나아가서 전례대로 하여주기를 구한대 빌라도가 대답하여 가로되 너희는 내가 유대인의 왕을 너희에게 놓아주기를 원하느냐 하니 이는 저가 대제사장들이 시기로 예수를 넘겨준 줄 앎이러라 그러나 대제사장들이 무리를 충동하여 도리어 바라바를 놓아달라 하게 하니 빌라도가 또 대답하여 가로되 그러면 너희가 유대인의 왕이라 하는 이는 내가 어떻게 하랴

저희가 다시 소리지르되 저를 십자가에 못박게 하소서 빌라도가 가로되 어찜이뇨 무슨 악한 일을 하였느냐 하니 더욱 소리지르되 십자가에 못박게 하소서 하는지라 빌라도가 무리에게 만족을 주고자 하여 바라바는 놓아주고 예수는 채찍질하고 십자가에 못박히게 넘겨주니라"(막 15:6-15).

이때 모인 군중들도 우리가 잘 살펴보아야 한다. 유대인들이 아침 일찍 이곳에 모여든 것은 평소에 있는 일이 아니었다. 거기에는 실제로 바라바를 석방하라고 외치기 위하여 일찍 나와 있었던 사람들이 있었을 것이다.

빌라도의 관청 앞에 아침부터 모여든 사람들이 있었다. 빌라도가 알기로는 지금 인기가 있어서 많은 백성이 따르고 있는 사람은 바라바

예수가 아니라 그리스도 또는 유대인의 왕이라 하는 이 사람이었고, 유대교 지도자들이 그를 시기하고 질투하는 것은 명절에 예루살렘에 올라온 민중이 성전에는 관심이 없고 전부 그리스도라는 예수만을 따르기 때문인 줄을 알았다. 그래서 빌라도가 내심으로는 은근히 두려웠을 것이다. 바라바 예수는 지금 구금 중이지만 이 명절에 특별사면의 관례를 따라 석방을 하기는 해야 할 입장이고, 이 바라바가 나가면 또 민중을 선도할 것이었으므로 이번 유월절을 어떻게 조용히 무사히 넘어갈 것인가 하는 것이 잔뜩 고민이었다.

그런데 마침 유대교 지도자들이 민중들이 그렇게 따르는 그리스도 예수를 잡아다가 아침 일찍부터 죽여달라고 부탁을 해왔던 것이다. 빌라도가 그리스도라는 예수 역시 문제의 인물이라 여기고 자세히 심문을 해보았지만 바라바와는 질적으로 다른 사람이고 그야말로 거룩한 사람이었다. 절대로 민중을 선동하고 다니는 사람이 아니라는 것을 알고는 빌라도의 머리가 급회전하게 되었다. 지금 밖에는 열심당원들이 바라바의 특사를 탄원하기 위하여 웅성거리고 있었는데 빌라도는 모든 민중이 그리스도 예수를 풀어달라고 할 것으로 알았던 것이다. 그렇게 되면 예수님을 풀어주어서 민중을 달래고 바라바는 계속 가두어두어서 민중을 선동치 못하게 함으로 일석이조를 얻으려고 하였던 것이다. 민중들에게 선택권을 주면 어느 모로 보나 살인자 바라바 예수보다는 그리스도 예수를 석방해달라고 요구할 것으로 알고 있었던 것이다.

"무리가 나아가서 전례대로 하여주기를 구한대 빌라도가 대답하여 가로되 너희는 내가 유대인의 왕을 너희에게 놓아주기를 원하느냐 하니 이는 저가 대제사장들이 시기로 예수를 넘겨 준 줄 앎이러라 그러나 대제사장들이 무리를 충동하여 도리어 바라바를 놓아달라 하게 하니 빌라도가 또 대답하여 가로되 그러면 너희가 유대인의 왕이라 하는 이는 내가 어떻게 하랴 저희가 다시 소리지르되 저를 십자가에 못박게 하소서"(막 15:8-13).

이 소리를 듣는 순간 빌라도는 자기의 귀를 의심하였을 것이다.

그래서 빌라도가 "어찜이뇨 무슨 악한 일을 하였느냐"고 물으니 무리가 더욱 소리지르되, "십자가에 못박게 하소서" 하였다. 결국 빌라도는 무리에게 만족을 주고자 하여 바라바는 놓아주고 예수님은 채찍질하고 십자가에 못박히게 넘겨주었다(막 15:6-15).

진리를 전하는 하나님의 아들을 시기하여 죽이려고 하는 유대교의 지도자들의 사악함을 우리가 잘 보아야 하겠다.

사악한 지도자들의 선동에 이리저리 이용당하는 민중들을 악하게 이용하지 않아야 하겠다.

백성들의 비위나 맞추어주면서 양심과 법과 진리를 외면해버리는 빌라도 같은 인물이 되지 않아야 하겠다.

이런 사람들보다는 차라리 바라바가 더 정의로울지도 모른다.

"빌라도가 무리에게 만족을 주고자 하여 바라바는 놓아주고 예수님은 채찍질하고 십자가에 못박히게 넘겨주니라"(막 15:15).

바나바

사람들은 바나바가 이름인 줄 알고 있지만, 실상은 별명이고, 그의 본명은 요셉이었다. 바나바는 사도들에 의해 붙여진 이름으로 '격려의 아들' 또는 '위로의 아들'이라는 뜻(행 4:36)이다.

그는 유대인으로서 구브로 섬 출신의 레위인이었다(행 4:36). 사도 바울을 예루살렘의 사도들에게 추천해서 교제할 수 있도록 주선한 사람이 바로 바나바였다. 이 바나바는 위로하고, 격려하고, 권면하며, 상담하고, 추천하는 일이 사명이요 은사였다. 사도들 사이에서는 벌써 그의 이러한 탤런트와 은사가 두드러지게 드러나 별명이 붙은 것이다. 그의 은사는 연약한 형제를 북돋우는 힘이 있었다. 그는 그의 탤런트와 은사를 묻어두지 않고 십분, 십이분 활용하는 사람이었다.

"때에 스데반의 일로 일어난 환난을 인하여 흩어진 자들이 베니게와 구브로와 안디옥까지 이르러 도를 유대인에게만 전하는데 그 중에 구브로와 구레네 몇 사람이 안디옥에 이르러 헬라인에게도 말하여 주 예수를 전파하니 주의 손이 그들과 함께 하시매 수다한 사람이 믿고 주께 돌아오더라 예루살렘교회가 이 사람들의 소문을 듣고 바나바를 안디옥까지 보내니 저가 이르러 하나님의 은혜를 보고 기뻐하여 모든 사람에게 굳은 마음으로 주께 붙어 있으라 권하니 바나바는 착한 사람이요 성령과 믿음이 충만한 자라 이에 큰 무리가 주께 더하더라 바나바가 사울을 찾으러 다소에 가서 만나매 안디옥에 데리고 와서 둘이 교회에 일년 간 모여 있어 큰 무리를 가르쳤고 제자들이 안디옥에서 비로소 그리스도인이라 일컬음을 받게 되었더라"(행 11:19-26).

안디옥에서 이방인 중 그리스도를 믿는 사람들이 늘어난다고 하자 예루살렘교회가 다른 사람이 아닌 바나바를 보낸 것이 무엇보다 잘 된 일이다.

바나바는 가서 보고 한없이 기뻐하면서 열심히 위로하고 격려하고 상담하고 가르치면서 교회를 섬겼다. 그러자 큰 무리가 주께로 모여들었다. 너무 많이 밀려오는 사람들을 감당할 수 없게 되자 그는 길리기아 다소까지 가서 바울을 설득하여 데리고 오게 되었고 바울과 바나바는 안디옥에서 협력목회를 하였다.

그때는 마치 온 안디옥이 예수 믿는 사람으로 가득한 것 같았다. 그래서 그때부터 '그리스도인'이란 말이 나오게 되었다. 이러한 역사는 다 바나바의 공로라고 할 수 있을 것이다. 바나바는 담대하면서도 온유하고 이해심이 많고 자신의 재산을 다 하나님의 교회에 드려 나누게 하고 헌신적으로 일하고 다른 사람에 대하여서는 항상 관대한 자세로 일하는 사람이었다.

유대인들이 온 세상에 흩어져 살게 된 것은 북왕국 이스라엘이 앗수르에 사로잡혀 가서 온 세상으로 흩어져 간(BC 721) 후로부터였을 것이다. 바나바가 구브로에서 태어난 것도 그러한 역사적인 사연을 가지고 있을 것이다.

그런데 대체로 예루살렘, 혹은 이스라엘 본토에 남아 있었던 사람들보다는 온 세상으로 흩어져 나갔던 사람들 중에 훌륭한 사람들이 많았던 것으로 보인다.

그렇게 된 이유는 아마도 견문이 넓어지면서 안목이 열리게 되었기 때문이라고 볼 수 있을 것이다. 우선 바나바가 그렇고 바울이 그렇다.

디모데 역시 유대인 디아스포라였다. 알렉산드리아에서 난 아볼로 역시 그러한 사람이다. 구레네 시몬도 그렇고 아굴라와 브리스길라도 유대인이면서 본토에서 탄생하였고 로마에서 일하다가 고린도에서 바울과 만났다. 그래서 그런지 개방적이고 진취적이며 세계적인 안목을 가지고 일하는 사람들이 되었다. 빌립보에서 만났던 자주장사 루디아 역시 유대인이면서 두아디라 출신이었다. 이러한 사람들이 대체로 개방적인 성품을 가지게 되는데, 이는 다 여행을 통하여 견문이 넓어지게 된 결과로 볼 수 있다.

그러한 면에서 오늘날 우리 그리스도인들이 가능하면 젊어서 온 세계로 여행을 하게 하는 것은 무엇보다 필요한 일이다.

필자도 마흔이 넘도록 해외를 가보지 못했는데 주님의 은혜로 이집트와 요르단 그리고 이스라엘, 터키, 그리스, 로마, 오스트리아, 독일, 영국, 스페인, 그리고 프랑스를 여행할 수 있는 기회가 있었다. 넓은 세계를 여행해보면서 우리가 그 동안 우물 안의 개구리처럼 살아왔다고 생각해왔는데, 실상은 우물 안의 개구리가 아니라 우물 안의 올챙이처럼 살아왔다는 생각이 들었다.

오늘날도 유대인들은 어릴 때부터 영어를 유창하게 하고 아랍어와 모국어 그리고 스페인어나 불어, 독일어, 혹은 터키어를 구사하게 된다. 그래서 그들의 활동무대는 언제나 세계적이다. 온 세계에 흩어져 살던 유대인들이 모여들어서 다시 나라를 만들었기 때문에 전 세계 언어를 특별하게 배울 것도 없이 이미 알고 있는 사람들이 골고루 갖추어져 있는 것도 사실이다. 그들은 세계정세에 대하여 매우 밝은 민족이 되었다. 그러나 그들의 민족정신이 흐리거나 하지는 않았다. 하나님을 믿는 정신과 자신들이 유대인이라는 근본정신에는 결코 흔들리지 않는 자부심과 긍지를 가지고 있는 것이다.

바나바, 그는 착한 사람이었다. 사람이 하나님의 일을 하기 위하여서는 먼저 그 성품이 착한 사람이어야 한다. 그 위에 성령이 충만해지고 지혜와 능력이 주어져야 하나님의 일을 바르게 할 수 있는 것이다.

그는 예루살렘교회의 일원으로서 예수님의 부활에 대한 사도들의 증거에 은혜를 받고 자기 소유의 밭을 팔아 하나님께 바쳐서 가난한 사람을 구제하게 하였다. 그리고 자신의 삶을 다시 하나님께 바쳐서 연약한 형제를 권면하고 위로하는 아름다운 봉사를 계속했던 사람이다. 그래서 그에게는 어느덧 '권하고 위로하는 자'라는 별명이 붙게 되었다(행 4:32-37).

그는 예루살렘교회의 파송을 받아 안디옥에 가서 복음을 듣고 믿은 이방인 성도들을 권면하고 하나님의 말씀을 열심히 가르쳤다. 그는 다른 사람들과 협력을 잘 하는 사람이었다. 사역 도중 혼자의 힘으로 벅차게 되자 그는 길리기아 다소에 있는 사울을 데려와 한 해 동안 동역하게 됨으로써 안디옥의 수많은 사람들이 복음을 듣고 믿었다(행 11:22-26).

안디옥교회의 선교사역을 성공적으로 수행하는 것을 보신 하나님께서는 바울과 바나바를 따로 구별하여 초대 선교사로 세우라고 하셨다. 안디옥교회의 파송을 받아 먼저 바나바의 고향인 구브로를 거쳐서 소아시아의 중심부인 비시디아 안디옥(지금의 야르바츠)과 이고니온(지금의 코냐) 루스드라, 더베 등 소아시아 일대를 다니면서 복음을 전하였다. 이것이 바나바와 바울의 제 1차 전도여행이었다(행 13:2- 14:8).

1차 전도여행에서 수행원으로 마가 요한을 두었는데, 마가 요한은 예루살렘의 최후의 만찬을 준비했던 집의 아들로서 바나바의 생질이 되는 관계였다. 처음으로 가보는 전도여행인지라 얼마나 어려운지를 모르고 나섰다가 요한은 밤빌리아 지방의 버가에서 도중하차를 하고 말았다. 그 이유는 불분명하지만 마가가 너무 고생이 됨으로 도중에서 포기하였다는 전승과 마가는 할례당이어서 바울과 바나바가 할례 없이 세례를 주는 것을 반대하다가 서로 결렬되었을 것이라는 추측들이 있다.

이 문제로 인하여 그 후 2차 전도여행에 앞서 마가 요한의 동행 문제로 바나바는 바울과 갈라서게 되었고, 바나바는 마가를 데리고 다시 구브로를 향하여 떠나고 바울은 실루아노를 데리고 길리기아로 갔다(행15:36-41).

다른 면에서는 바울이 진리 위에 서 있는 것이 분명하였지만 이 마가의 문제는 바나바의 말이 옳았던 것으로 증명되었다. 바울의 생각은 마가와 같은 사람은 결코 주님의 일꾼이 될 수 없을 것이라고 보았을 것이다. 그러나 후일에 바울은 그 일을 두고 후회를 한 것 같다. 바나바는 어디에선가 순교한 것 같고 마가는 얼마 후에 베드로를 수행하게 되었다. 마가가 쓴 복음서는 대체로 바나바와 베드로에게 들은 것을 기록한 것으로 볼 수 있다.

하여간 바울의 생각은 빗나가고 말았다. 마가는 훌륭한 주님의 일꾼이 되었던 것이다. 역시 사람을 격려하고 위로하고 키우는 일은 바울보다 바나바가 월등한 것 같다. 이것이 바나바와 바울의 차이라고 할 수 있다. 우리가 아쉬워하는 것은 바나바가 구브로를 향하여 간 것까지는 알 수 있는데 그 후의 일을 알 수 없다는 것이다. 바나바가 그 이후에 어디서 어떻게 최후를 맞이했는지 알 수가 없다. 다른 사도들의 행적도 우리가 알 수가 없어서 궁금한 것은 사실이지만 특별히 착한 사람 바나바의 행적을 기록한 사람이 아무도 없었다는 것은 섭섭한 일이다. 그러나 그의 이름과 그의 업적은 결코 흐려지지 않을 것이다.

도르가

도르가는 '영양'羚羊=gazelle이란 뜻이다. 그녀는 신구약을 망라하여 선하고 착한 여인으로 유명하다. 항구도시 욥바(지금의 야파, 이스라엘의 최대 항구도시인 텔아비브와 바로 연결되어 있음) 출신의 신실한 여성도로 그의 가족에 대한 이야기가 없는 것으로 보아 과부로 추정하는 학설이 있다(행 9:39).

그녀의 이름을 '다비다'라 부르기도 하는데 다비다는 '도르가'(헬라어)를 아람어로 번역한 것이다.

"욥바에 다비다라 하는 여제자가 있으니 그 이름을 번역하면 도르가라 선행과 구제하는 일이 심히 많더니 그때에 병들어 죽으매 시체를 씻어 다락에 뉘우니라

룻다가 욥바에 가까운지라 제자들이 베드로가 거기 있음을 듣고 두 사람을 보내어 지체 말고 오라고 간청하니 베드로가 일어나 저희와 함께 가서 이르매 저희가 데리고 다락에 올라가니 모든 과부가 베드로의 곁에 서서 울며 도르가가 저희와 함께 있을 때에 지은 속옷과 겉옷을 다 내어 보이거늘 베드로가 사람을 다 내어보내고 무릎을 꿇고 기도하고 돌이켜 시체를 향하여 가로되 다비다야 일어나라 하니 그가 눈을 떠 베드로를 보고 일어나 앉는지라

베드로가 손을 내밀어 일으키고 성도들과 과부들을 불러들여 그의 산

것을 보이니 온 욥바 사람이 알고 많이 주를 믿더라”(행 9:36-42).

도르가는 초대 욥바교회의 충실한 여성도로 희생적인 봉사와 사랑
의 실천을 통해 그리스도의 아름다운 향기를 드러냈을 뿐만 아니라,
죽었다가 베드로의 기도로 다시 살아남으로써 살아 있을 때보다 더
많은 사람들을 그리스도의 생명 가운데로 인도하였다.

그녀는 살아서는 선행과 구제로써 사람들에게 그리스도의 향기를
나타낸 사람이었다. 죽었다가 주님의 능력으로 다시 살아나게 됨으로
써 주님의 이름을 더 영화롭게 한 사람이었다.

우리 주님께서 원하시는 사람은 바로 이런 사람이었다.

“너희는 세상의 빛이라 산 위에 있는 동네가 숨기우지 못할 것이요 사
람이 등불을 켜서 말 아래 두지 아니하고 동경 위에 두나니 이러므로 집안
모든 사람에게 비취느니라 이같이 너희 빛을 사람 앞에 비취게 하여 저희로
너희 착한 행실을 보고 하늘에 계신 너희 아버지께 영광을 돌리게 하라
내가 율법이나 선지자나 폐하러 온 줄로 생각지 말라 폐하러 온 것이 아니
요 완전케 하려 함이로다 진실로 너희에게 이르노니 천지가 없어지기 전에
는 율법의 일점 일획이라도 반드시 없어지지 아니하고 다 이루리라 그러므
로 누구든지 이 계명 중에 지극히 작은 것 하나라도 버리고 또 그같이 사람
을 가르치는 자는 천국에서 지극히 작다 일컬음을 받을 것이요 누구든지
이를 행하며 가르치는 자는 천국에서 크다 일컬음을 받으리라 내가 너희에
게 이르노니 너희 의가 서기관과 바리새인보다 더 낫지 못하면 결단코 천국
에 들어가지 못하리라”(마 5:14-20).

도르가는 욥바의 등불이요 텔아비브(‘봄이 오는 언덕’)의 향기였다.
오늘날 많은 그리스도인들이 이상하고 신비한 능력을 체험만 하겠다
고 금식하고 철야하며 부르짖은 것을 자주 보게 된다. 그것은 슬픈 일

이다. 참다운 능력은 희생의 능력, 사랑의 능력, 봉사의 능력, 구제의 능력이다.

도르가의 죽음에 대해 동료 과부들이 그녀가 만든 옷을 내놓고 슬피 우는 모습은 너무나 아름답고 감동적이다. 이는 그녀의 생전의 삶의 모습을 웅변적으로 반증하는 것이다. 그 일이 있은 후에 욥바에는 많은 도르가가 생겨나게 되었을 것이다.

도르가의 헌신의 삶은 신행일치信行一致의 아름다운 모범이라 할 수 있다. 이러한 신행일치의 삶은 구체적인 결단과 자기희생을 통해서만 성취 가능한 것으로 결코 쉬운 일이 아니다. 도르가는 선행과 구제를 통해 그리스도적 사랑을 몸소 실천한 따뜻한 사랑과 봉사의 인물이었다.

이러한 삶을 사는 사람들을 자기 자신의 기쁨이 아니라 이웃의 기쁨을 추구한다. 자신의 희생과 봉사를 통해 다른 사람이 기뻐하는 것을 볼 때만 자신의 기쁨이 되는 사람이다. 이러한 기쁨은 보수가 아닌 보람의 기쁨이다.

"우리 강한 자가 마땅히 연약한 자의 약점을 담당하고 자기를 기쁘게 하지 아니할 것이라 우리 각 사람이 이웃을 기쁘게 하되 선을 이루고 덕을 세우도록 할지니라 그리스도께서 자기를 기쁘게 하지 아니하셨으니 기록된 바 주를 비방하는 자들의 비방이 내게 미쳤나이다 함과 같으니라"(롬 15:1-3).

"나와 같이 모든 일에 모든 사람을 기쁘게 하여 나의 유익을 구치 아니하고 많은 사람의 유익을 구하여 저희로 구원을 얻게 하라"(고전 10:33).

바울은 이러한 진리를 그의 편지 속에서 말씀으로 기록하고 있다. 그리고 그의 삶의 자세는 항상 이와 같았음을 볼 수 있다. 반면에 도르가는 아무런 성경을 기록하지는 않았지만 그의 삶을 통하여 많은 여성들의 가슴에 희생과 봉사의 정신을 기록하여 준 것이다. 그리고 그의 삶의 결과가 많은 욥바의 사람들을 그리스도께로 돌아오게 하였다는 것은 무엇보다도 중요한 것이다.

도르가의 삶은 우리 모두의 모범이다.

솔로몬의 잠언에는 "가난한 자를 불쌍히 여기는 것은 여호와께 꾸이는 것이니 그 선행을 갚아주시리라"하고 기록되어 있다(잠 19:17).

"선행을 배우며 공의를 구하며 학대받는 자를 도와주며 고아를 위하여 신원하며 과부를 위하여 변호하라 하셨느니라"(사 1:17).

"긍휼히 여기는 자는 복이 있나니 저희가 긍휼히 여김을 받을 것임이요"(마 5:7).

"너희는 가서 내가 긍휼을 원하고 제사를 원치 아니하노라 하신 뜻이 무엇인지 배우라"(마 9:13).

우리는 우리 주 예수 그리스도의 삶과 교훈 안에서 이러한 삶의 자세를 배워야 하겠고 또 가르쳐 지키게 해야 한다.

특별히 여성들은 정치나 권력으로 봉사하는 것보다는 여성다운 봉사를 할 때가 더욱 아름답게 느껴진다.

"누가 현숙한 여인을 찾아 얻겠느냐 그 값은 진주보다 더하니라 그런 자의 남편의 마음은 그를 믿나니 산업이 핍절치 아니하겠으며 그런 자는 살아 있는 동안에 그 남편에게 선을 행하고 악을 행치 아니하느니라 그는 양털과 삼을 구하여 부지런히 손으로 일하며 상고의 배와 같아서 먼데서 양식을 가져오며 밤이 새기 전에 일어나서 그 집 사람에게 식물을 나눠주며 여종에게 일을 정하여 맡기며 밭을 간품하여 사며 그 손으로 번 것을 가지고 포도원을 심으며 힘으로 허리를 묶으며 그 팔을 강하게 하며 자기의 무역하는 것이 이로운 줄을 깨닫고 밤에 등불을 끄지 아니하고 손으로 솜뭉치를 들고 손가락으로 가락을 잡으며 그는 간곤한 자에게 손을 펴며 궁핍한 자를 위하여 손을 내밀며 그 집 사람들은 다홍색 옷을 입었으므로 눈이 와도 그는 집 사람을 위하여 두려워하지 아니하며 그는 자기를 위하여 아름다운 방석을 지으며 세마포와 자색 옷을 입으며 그 남편은 그 땅의 장로로 더불어 성문에 앉으며 사람의 아는 바가 되며 그는 베로 옷을 지어 팔며 띠를 만들어 상고에게 맡기며 능력과 존귀로 옷을 삼고 후일을 웃으며 입을 열어 지혜를 베풀며 그 혀로 인애의 법을 말하며 그 집안 일을 보살피고 게을리 얻은 양식을 먹지 아니하나니 그 자식들은 일어나 사례하며 그 남편은 칭찬하기를 덕행 있는 여자가 많으나 그대는 여러 여자보다 뛰어난다 하느니라 고운 것도 거짓되고 아름다운 것도 헛되나 오직 여호와를 경외하는 여자는 칭찬을 받을 것이라 그 손의 열매가 그에게로 돌아갈 것이요 그 행한 일을 인하여 성문에서 칭찬을 받으리라"(잠 31:10-31).

요　한

　요한은 히브리어 '요하난'의 헬라어 음역으로 '여호와는 은혜로우시다'라는 뜻이다. 그는 세베대의 아들이며 야고보의 동생이었다. 요한은 열두 제자들 중 나이가 가장 아래였다고 전해진다. 예수님께서 모든 제자들을 다 사랑하셨지만 특별히 요한을 사랑하신 것으로 전해진다. 나이가 아래인 것도 이유가 되겠지만 요한은 그 나름대로 특별한 사명이 있었던 것 같다.

　주께서 십자가에 달리실 때 다른 제자들은 그곳에 없었다. 그런데 요한은 예수님께서 체포되신 것을 마리아에게 알리려고 갔다가 아마도 마리아를 인도하여 갈보리산까지 가게 된 것 같다. 그런데 거기에서 예수님은 요한에게 자신의 어머니 마리아를 부탁하셨다. 그리고 요한에게는 "네 어머니다"라고 말씀하셨다. 우리는 여기서 왜 예수님께서 자신의 친동생들에게 부탁하지 않으시고 요한에게 모친을 부탁하셨을까 하는 의문이 생기게 된다. 그러나 시간이 지나면서 그 이유를 알게 된다. 예수님의 동생들도 오래 가지 않아서 다 순교하게 된 것이다. 그리고는 결국 요한이 마리아를 모시게 된 것이다. 에베소에 가면 요한이 말년에 마리아를 모시고 목회를 했던 증거들이 있다.

　전승에 의하면 요한은 자신을 못난 제자라고 여기고 항상 콤플렉스를 느끼면서 살았다고 한다. 요한에게는 신령한 은사도 나타나지 않았고 순교도 하지 못하고 그냥 마리아를 모시고 살아왔는데, 90세 혹은 100세가 될 때까지 에베소에서 살았다고 전한다. 지금도 에베소의 신시가지의 언덕 위에는 사도 요한 기념교회가 비록 무너지긴 했지만 비교적 웅장하고 분명한 모습을 간직한 채 보존되고 있다.

그런데 실상은 요한이야말로 가장 신령한 은혜를 받아서 진리 중의 진리를 깨닫고 이를 기록으로 남기게 된 것이다. 복음서가 여러 개 있지만 요한복음이야말로 하나님의 말씀과 그 뜻을 가장 깊이 드러나게 한 복음서였다. 그리고 신약의 여러 서신들이 있지만 기독교의 진리를 가장 분명하게 드러낸 서신이 바로 요한일서였다. 그리고 다른 복음서에도 종말에 관한 계시가 기록되어 있지만 요한의 계시록이 가장 완벽한 구조를 가지고 있었으며, 요한의 제자 중에 폴리캅과 같은 인물이 있었던 것을 보면 요한은 다른 어느 사도라도 감당하지 못할 중대한 사역을 감당한 것을 알 수 있다.

그리스도의 복음을 전하는 중심이 처음에는 예루살렘이었으나 얼마 후에는 안디옥으로 옮겨가게 되었고 바울이 순교한 후에는 다시 에베소가 그 복음의 중심이 된 것이다. 바울이 로마에서 순교한 것이 AD 67년경이었고 누가가 다시 에베소에 도착한 것은 그 후가 될 것이다. 에베소의 고대 유적지 입구에는 지금도 누가의 무덤이 허술하게 보존되고 있다. 한동안은 누가와 디모데가 그곳의 교회를 돌보다가 후에는 사도 요한이 마리아를 모시고 에베소에 와서 목회를 했다고 한다. 에베소에는 지금도 사도 요한의 무덤이 있고 누가의 무덤이 있다.

요한이 에베소에 있을 때 로마의 황제는 도미티아누스였다. 도미티아누스는 기독교를 심하게 박해하였던 인물이다. 당시에 요한은 체포되어 끓는 기름 가마에 던져졌는데 죽지 않고 살아 나왔다고 한다. 이에 그들은 두려워하여 그를 밧모섬으로 보내었다고 한다. 거기에서 그는 기도하는 중 계시를 받아 요한계시록을 기록했다고 한다.

그러나 요한 사도의 위대한 업적은 계시록을 기록한 것뿐만 아니라 실상은 요한복음과 요한일서를 기록한 데 있는 것이다. 요한복음은 공관복음에서 미치지 못하는 깊은 곳과 높은 곳에 다다르고 있는 것이다.

주님께서 오시기 400여년 전 하나님과 이스라엘과의 사이에 마지막 선지서인 말라기서의 주제를 기억한다면 요한복음은 우리의 심령에 우렛소리와도 같이 울리게 될 것이다.

하나님께서는 아브라함과 이삭과 야곱과 요셉을 사랑하시고 다윗을 사랑하사 이스라엘 백성들이 여간 잘못되어도 언제나 노하시기를 더디 하시며 기다려주시고 변함없는 사랑으로 사랑하셨다. 그러나 이스라엘 백성들은 점점 하나님으로부터 멀어져갔다. 하나님께서는 바벨론의 군대를 보내어 예루살렘에 중한 징계를 내렸다. 그러나 노하신 중에도 긍휼을 잊지 않으시고 다시 바벨론 포로에서 돌아오게 하셨던 것이다. 그리고 그때는 이스라엘 백성들도 심기일전하여 하나님만을 섬기면서 잘해보겠다고 다짐도 했다. 그러나 그들은 다시 오래 가지 않아서 해이해지고 불성실하게 하였으며 하나님을 성가시고 귀찮은 분으로 생각하기까지 했다. 하나님께서는 이스라엘 백성들을 변함없이 사랑하셨으나 이스라엘은 하나님의 사랑을 이해할 수 없었다.

하나님께서 이스라엘 백성들을 향하여 말씀하시기를 "내가 너희를 사랑하였노라" 하셨다.

그러나 이스라엘 백성들은 하나님을 향하여 "주께서 어떻게 우리를 사랑하셨나이까?" 하고 반문함으로써 하나님의 마음을 심히 아프시게 했다. 하나님도 할 말씀을 잊어버리셨을 것이다. 천년을 하루같이, 하루를 천년같이 참고 기다리시면서 사랑하셨던 하나님이시지만 이 한 마디가 하나님의 폐부를 찔렀던 것이다. 그 슬픔과 그 아픔이란 십자가의 아픔에 비교가 될 수 없을 정도였을 것이다.

요한복음 안에서 들리는 하나님의 음성은 그야말로 우레의 아들을 통하여 울려오는 우렛소리와도 같이 들리게 되는 하나님의 아픈 사랑의 고백이었던 것이다.

하나님께서는 이스라엘 백성들의 질문을 받으시고 400년 간 침묵을 하신 것이다. 이것이 신구약 중간시대라고 하는 기간이었다.

"주께서 어떻게 우리를 사랑하셨나이까?" 이 기막힌 질문에 대하여 하나님께서 대답을 준비하셨으니, 그 대답은 다름 아닌 예수 그리스도였다. 요한은 바로 그것을 발견한 것이다. 예수님의 말씀, 그 사역 안에서 그 답을 들은 것이다.

"주께서 어떻게 우리를 사랑하셨나이까?"
요한은 그의 복음서에 기록하기를,

"하나님이 세상을 이처럼 사랑하사 독생자를 주셨으니 이는 저를 믿는 자마다 멸망치 않고 영생을 얻게 하려하심이라"(요 3:16).

"주께서 어떻게 우리를 사랑하셨나이까?"
주께서 친히 말씀하시기를,

"사람이 친구를 위하여 목숨을 버리면 이에서 더 큰 사랑이 없느니라"(요 15:13).
"그리고 내 계명은 내가 너희를 사랑한 것같이 너희도 서로 사랑하는 것이니라"(요 15:12).
"새 계명을 너희에게 주노니 서로 사랑하라 내가 너희를 사랑한 것같이 서로 사랑하라 너희가 서로 사랑하면 이로써 모든 사람이 너희가 내 제자인 줄 알리라"(요 13:34-35).
"너희가 나를 사랑하면 내 계명을 지키리라"(요 14:15).

“아버지께서 나를 사랑하신 것같이 나도 너희를 사랑하였으니 나의 사랑 안에 거하라”(요 15:9).

“내가 아버지의 계명을 지켜 그의 사랑 안에 거하는 것같이 너희도 내 계명을 지키면 내 사랑 안에 거하리라”(요 15:10).

“내가 이것을 너희에게 명함은 너희도 서로 사랑하게 하려 함이로라”(요 15:17).

“사람이 나를 사랑하면 내 말을 지키리니 내 아버지께서 저를 사랑하실 것이요 우리가 저에게 와서 거처를 저와 함께 하리라”(요 14:23).

“사랑하는 자들아 우리가 서로 사랑하자 사랑은 하나님께 속한 것이니 사랑하는 자마다 하나님께로 나서 하나님을 알고 사랑하지 아니하는 자는 하나님을 알지 못하나니 이는 하나님은 사랑이심이라 하나님의 사랑이 우리에게 이렇게 나타난 바 되었으니 하나님이 자기의 독생자를 세상에 보내심은 저로 말미암아 우리를 살리려 하심이니라 사랑은 여기 있으니 우리가 하나님을 사랑한 것이 아니요 오직 하나님이 우리를 사랑하사 우리 죄를 위하여 화목제로 그 아들을 보내셨음이니라 사랑하는 자들아 하나님이 이같이 우리를 사랑하셨은즉 우리도 서로 사랑하는 것이 마땅하도다 어느 때나 하나님을 본 사람이 없으되 만일 우리가 서로 사랑하면 하나님이 우리 안에 거하시고 그의 사랑이 우리 안에 온전히 이루느니라 그의 성령을 우리에게 주시므로 우리가 그 안에 거하고 그가 우리 안에 거하시는 줄을 아느니라

아버지가 아들을 세상의 구주로 보내신 것을 우리가 보았고 또 증거하노니 누구든지 예수를 하나님의 아들이라 시인하면 하나님이 저 안에 거하시고 저도 하나님 안에 거하느니라 하나님이 우리를 사랑하시는 사랑을 우리가 알고 믿었노니 하나님은 사랑이시라 사랑 안에 거하는 자는 하나님 안에 거하고 하나님도 그 안에 거하시느니라 이로써 사랑이 우리에게 온전히 이룬 것은 우리로 심판 날에 담대함을 가지게 하려 함이니 주의 어떠하심과 같이 우리도 세상에서 그러하니라 사랑 안에 두려움이 없고 온전한 사랑이 두려움을 내어쫓나니 두려움에는 형벌이 있음이라 두려워하는 자는 사랑 안에서 온전히 이루지 못하였느니라 우리가 사랑함은 그가 먼저

우리를 사랑하셨음이라

누구든지 하나님을 사랑하노라 하고 그 형제를 미워하면 이는 거짓말 하는 자니 보는 바 그 형제를 사랑치 아니하는 자가 보지 못하는 바 하나님을 사랑할 수가 없느니라

우리가 이 계명을 주께 받았나니 하나님을 사랑하는 자는 또한 그 형제를 사랑할지니라 미혹의 영을 이로써 아느니라 예수께서 그리스도이심을 믿는 자마다 하나님께로서 난 자니 또한 내신 이를 사랑하는 자마다 그에게서 난 자를 사랑하느니라 우리가 하나님을 사랑하고 그의 계명들을 지킬 때에 이로써 우리가 하나님의 자녀 사랑하는 줄을 아느니라 하나님을 사랑하는 것은 이것이니 우리가 그의 계명들을 지키는 것이라 그의 계명들은 무거운 것이 아니로다 대저 하나님께로서 난 자마다 세상을 이기느니라 세상을 이긴 이김은 이것이니 우리의 믿음이니라"(요일 4:7-5:4).

성급하고 과격하며 야심으로 가득 찼던 요한이 그리스도로 말미암아 점차 사랑의 사도로 변화되었던 것처럼, 주 안에서 새 사람이 된 자는 과거의 좋지 못한 습관과 성격을 버리고 성령의 열매(갈 5:22-23)를 맺는 새로운 모습으로 변화를 거쳐서 마침내 하나님의 형상, 곧 사랑의 예수님의 모습을 닮아가야 한다.

기적이 있었든지 표적이 있었든지 십자가가 있었든지 부활이 있었든지, 이는 다 하나님의 사랑이요 예수 그리스도의 사랑으로 말미암은 것이다.

다른 복음서를 이미 읽어본 요한은 확실히 다른 관점에서, 그리고 하나님의 사랑을 깨달은 후 보완적인 입장에서 요한복음을 기록했다. 요한의 눈에 비친 하나님의 아들 예수님은 사랑을 구체적으로 보여주시려고 오신 분이었다. 이를 증거한 사람이 바로 가장 나이 어리고 가장 콤플렉스를 많이 느끼면서 사역을 했던 요한 사도였다. 그는 실로 하나님의 사랑을 제대로 체험하고 제대로 증거한 가장 위대한 증인이었다.

경건한 백부장
고넬료

고 넬료는 가이사랴에 주둔했던 로마 군대의 백부장이었다(행 10:1).
그는 로마 혈통의 이탈리아인으로서 당시 가이사랴의 로마 총독
부와 병영의 장교로 와 있었다. 팔레스타인을 지배하는 총독부가 가이
사랴에 있었으며 나중에는 예루살렘보다 가이사랴가 더 번창하게 된
때도 있었다. 고넬료는 갈리굴라 황제 통치기인 AD 40년경의 인물로,
유대땅 가이사랴에 파견된 로마 장교였으며 직책은 백부장이었다.

BC 82년경 로마의 푸블리우스 코넬리우스 술라Publius Cornelius
Sulla는 노예 1만 명을 해방시키면서 그 노예들에게 자기 가문의 이름
인 '고넬료'Cornelius를 주었다. 때문에 당시 로마 제국에서 이 이름이
흔했으나, 명예롭게 여겨졌다. 백부장 고넬료도 이러한 출신 배경을
가진 듯하다. 그에게 있어서 이러한 관대한 성품은 그 가문의 비조鼻祖
코넬리우스의 영향인 듯하다.

그는 경건한 사람으로 알려졌다. 군인들이 자칫하면 약탈과 폭력
을 일삼고 양민들을 갈취하는 경우가 많았는데 이 사람은 오히려 피지
배국의 국민들로부터 칭송을 받는 사람이었다. 하나님께서는 이러한
사람의 기도를 외면하시지 않으신다.

그는 온 집으로 더불어 하나님을 경외하였다고 한다. 사람이 혼자

믿는 것도 쉽지 않은 것인데 고넬료는 온 집으로 더불어 하나님을 경외하였다. 그가 유대지방에 오기 전에는 어떻게 했는지 모르지만, 하여튼 고넬료는 유대지방으로 파송 받은 것부터 하나님의 은혜였다고 할 수 있다. 일반적으로 유대인들은 고집이 세고 종교가 독특하여 통솔하기가 까다로운 민족으로 알려져 있었다. 그러나 고넬료는 오히려 유대인들이 믿는 하나님을 경외하고 있었다.

그는 백성을 많이 구제하였다고 한다. 피지배국의 식민지 백성들을 이렇게 사랑하여 긍휼히 여기고 많이 구제한 것을 보면 그의 심성이 맑고 착한 것을 알 수 있다. 심령이 청결하여 하나님을 볼 수 있는 눈이 있었고 백성들을 긍휼히 여기더니 자신이 또한 하나님의 긍휼을 입은 것이다.

그는 항상 하나님께 기도하였다고 한다. 그가 제 9시에 환상을 보게 된 것은 하루에 세 번씩 오전 9시, 정오, 오후 3시(제 9시)에 기도하는 사람이었기 때문이다. 그렇다면 그는 이미 유대인들의 신앙생활을 몸에 익히고 있었다는 것을 알 수 있다. 그가 기도하는 시간에 환상을 보되 밝히 보았다고 기록하고 있다. 그리고는 천사로부터 그의 기도와 구제가 하나님 앞에 상달하였다는 기별을 듣게 된 것이다.

하나님께서는 그에게 베드로를 만나게 해 주셨다. 이 일로 인하여 고넬료는 구주 예수 그리스도를 알게 되었고, 베드로는 하나님께서 이방인들도 하나님을 진실하게 찾을 때는 받아주신다는 놀라운 체험을 하게 되었다.

"베드로가 입을 열어 가로되 내가 참으로 하나님은 사람의 외모를 취하지 아니하시고 각 나라 중 하나님을 경외하며 의를 행하는 사람은 하나님이 받으시는 줄 깨달았도다"(행 10:34-35).

신약성경에 등장하는 로마 백부장들은 대체로 다 좋은 사람들이었다.

고넬료는 주둔군의 장교였으나 식민 통치하의 유대 백성들에게 자비와 선행을 베풀어 널리 칭찬 받았다(행 10:2, 22).

"가이사랴에 고넬료라 하는 사람이 있으니 이달리야대라 하는 군대의 백부장이라 그가 경건하여 온 집으로 더불어 하나님을 경외하며 백성을 많이 구제하고 하나님께 항상 기도하더니 하루는 제 구시쯤 되어 환상 중에 밝히 보매 하나님의 사자가 들어와 가로되 고넬료야 하니 고넬료가 주목하여 보고 두려워 가로되 주여 무슨 일이니이까 천사가 가로되 네 기도와 구제가 하나님 앞에 상달하여 기억하신 바가 되었으니 네가 지금 사람들을 욥바에 보내어 베드로라 하는 시몬을 청하라 저는 피장 시몬의 집에 우거하니 그 집은 해변에 있느니라 하더라
마침 말하던 천사가 떠나매 고넬료가 집안 하인 둘과 종졸 가운데 경건한 사람 하나를 불러 이 일을 다 고하고 욥바로 보내니라"(행 10:1-8).

욥바까지는 상당히 먼길이었다. 우리가 잘 알아두어야 할 것은, 고넬료가 하나님을 잘 경외하는 사람이고 악의가 없는 사람이며 늘 기도하고 있었으며 구제를 많이 하고 있었고 그의 기도가 하나님께 직접 상달하는 사람이었지만 하나님은 그 먼 길을 가서라도 베드로라 하는 시몬을 불러오라고 하신 것이다.

베드로는 외모로 보면 고넬료만도 못한 사람이다. 그는 한낱 갈릴리의 어부 출신이었다. 예수님을 세 번이나 부인했던 비굴한 사람이었다. 그러나 그렇게 부족한 베드로지만 예루살렘 초대교회의 지도자요 고넬료의 머리에 세례를 줄 수 있는 권세가 있었다. 정치적으로는 고넬료가 유대나라를 지배하고 다스리는 입장에 있었지만, 영적으로는 베드로가 예수 그리스도의 사도였던 것이다.

베드로가 욥바의 피장皮匠 시몬의 집에 우거하는데 고넬료가 보낸 사람들이 이르렀다. 그들을 보낼 때 고넬료는 경건한 사람들을 보냈다

고 기록하고 있다. 거기에 하인 두 사람과 경건한 병사 한 사람을 보냈다고 기록하고 있다. 병사 가운데도 벌써 백부장 고넬료를 따라서 하나님을 믿는 경건한 사람이 있었다는 것을 알 수 있는 것이다. 그들이 이틀 길을 가 베드로를 찾은 것이다.

"베드로가 내려가 그 사람들을 보고 가로되 내가 곧 너희의 찾는 사람이니 너희가 무슨 일로 왔느냐

저희가 대답하되 백부장 고넬료는 의인이요 하나님을 경외하는 자라 유대 온 족속이 칭찬하더니 저가 거룩한 천사의 지시를 받아 너를 그 집으로 청하여 말을 들으려 하느니라 한대 베드로가 불러들여 유숙하게 하니라 이튿날 일어나 저희와 함께 갈새 욥바 두어 형제도 함께 가니라

이튿날 가이사랴에 들어가니 고넬료가 일가와 가까운 친구들을 모아 기다리더니 마침 베드로가 들어올 때에 고넬료가 맞아 발 앞에 엎드리어 절하니 베드로가 일으켜 가로되 일어서라 나도 사람이라 하고 더불어 말하며 들어가 여러 사람의 모인 것을 보고 이르되 유대인으로서 이방인을 교제하는 것과 가까이 하는 것이 위법인 줄은 너희도 알거니와 하나님께서 내게 지시하사 아무도 속되다 하거나 깨끗지 않다 하지 말라 하시기로 부름을 사양치 아니하고 왔노라 묻노니 무슨 일로 나를 불렀느뇨"(행 10:21-29).

고넬료는 일가와 가까운 친구들을 모아놓고 베드로가 오기를 기다리고 있었다. 그리고는 베드로가 들어가자 베드로 앞에 엎드려 절을 하려고 했다.

고넬료의 겸손한 모습에서 우리는 구도자求道者의 자세를 본다.

그는 비록 이방인이었지만 신실한 마음이 있었기 때문에 이방인으로서 첫 세례교인이 될 수 있었다. 이로써 베드로는 복음을 듣고 구원 얻는 일에는 결코 민족이나 혈통적 차별이 없음을 깨닫게 된 것이다.

고넬료는 당시 로마 장교라는 신분임에도 불구하고 하나님을 경외

하는 믿음과 기도의 사람이었다. 이로써 우리는 어느 민족, 어느 지역에나 주를 사모하는 사람이 반드시 있음을 깨달을 수 있는 것이다.

베드로가 이 복음을 전할 때에 성령이 말씀 듣는 모든 사람에게 내려오시니 베드로와 함께 온 할례 받은 신자들이 이방인들에게도 성령 부어주심을 인하여 놀라게 되었다. 그들은 방언을 말하며 하나님을 높이는 찬양을 하게 되었다. 이에 베드로는 말하기를 "이 사람들이 우리와 같이 성령을 받았으니 누가 능히 물로 세례 줌을 금하리요" 하고 명하여 예수 그리스도의 이름으로 세례를 주라고 했다.

고넬료의 가족들은 베드로에게 수일 더 유하기를 요청했다.

신약성경에는 이같이 훌륭한 백부장들이 여럿 등장한다(마 8:5-10).

"예수께서 모든 말씀을 백성에게 들려주시기를 마치신 후에 가버나움으로 들어가시니라 어떤 백부장의 사랑하는 종이 병들어 죽게 되었더니 예수의 소문을 듣고 유대인의 장로 몇을 보내어 오셔서 그 종을 구원하시기를 청한지라

이에 저희가 예수께 나아와 간절히 구하여 가로되 이 일을 하시는 것이 이 사람에게는 합당하나이다 저가 우리 민족을 사랑하고 또한 우리를 위하여 회당을 지었나이다 하니

예수께서 함께 가실새 이에 그 집이 멀지 아니하여 백부장이 벗들을 보내어 가로되 주여 수고하시지 마옵소서 내 집에 들어오심을 나는 감당치 못하겠나이다 그러므로 내가 주께 나아가기도 감당치 못할 줄을 알았나이다 말씀만 하사 내 하인을 낫게 하소서 저도 남의 수하에 든 사람이요 제 아래에도 군병이 있으니 이더러 가라 하면 가고 저더러 오라 하면 오고 제 종더러 이것을 하라 하면 하나이다

예수께서 들으시고 저를 기이히 여겨 돌이키사 좇는 무리에게 이르시되 내가 너희에게 이르노니 이스라엘 중에서도 이만한 믿음은 만나지 못하였노라 하시더라"(눅 7:1-9).

누 가

누가는 '빛나다' '총명하다'라는 뜻을 가진 이름이다.

전승에 의하면 누가는 수리아의 안디옥에서 출생한 헬라인으로 전해지고 있다. 그리고 그는 누가복음과 사도행전을 기록했을 뿐만 아니라 바울의 동역자요, 기자記者요, 주치의와 조수로서 최선을 다하였다. 그는 바울의 제 2차 전도여행 중에 만나서 동행하게 되었는데 그 후로는 바울이 로마에서 순교하기까지 동행하게 된 것 같다.

확실하지는 않으나, 누가는 히브리서의 저자일 가능성이 충분히 있다. 신약성경이 여러 사람의 손으로 기록되었지만 실제는 바울과 누가 두 사람의 기록이 신약성경 전체의 절반이 넘는다. 바울이 기록한 서신들은 신학적인 가치를 가지는 반면 누가가 기록한 누가복음과 사도행전은 역사적 가치를 가지고 있는 것이다.

누가가 바울을 만나게 된 것이나 바울이 누가를 만나게 된 것은 두 사람 모두에게 크나큰 은혜요 축복이었다. 누가는 바울의 행적을 기록으로 남겨서 교회의 큰 유산이 되게 하였다. 우리가 아쉬워하는 것은 바울 이외의 사도들이 어떻게 사역을 했는지 아무런 기록이 없다는 것이다. 그것은 다름이 아니라 다른 사도들에게는 누가와 같은 인물이 동행하지 않았기 때문이다. 그러므로 바울의 행적이 그렇게 명료

하게 기록으로 남아 있다는 것은 순전히 누가의 공로였던 것이다.

그리고 반대로 누가가 바울을 만나지 못했다면 그는 일반적인 병자들을 상대로 이름 없이 살다 간 한 의사에 불과했을 것이다.

우리가 역사적으로, 지리적으로, 조심스러운 상상을 해볼 수 있다면 바울과 누가가 만난 곳이 버가모, 혹은 골로새, 라오디게아, 혹은 히에라볼리 중 어느 곳이었을 가능성이 있다. 당시에 버가모에는 오늘날의 의과대학과도 같은 의사들의 연구소가 있었다. 거기에는 의사의 신神 아스클라피우스Aesculapius를 섬기는 의학의 학파가 있었다. 뿐만 아니라 라오디게아와 부르기아 중간에도 멘Men 신을 섬기는 의학 학회가 있었고 특별히 라오디게아의 안약과 귓병에 잘 듣는 약은 당시에 소문이 나 있었다. 바울이 아마도 이곳에 왔을 때 눈이 좋지 않아서 의사를 찾은 것이 결국 누가를 만나게 된 것이 아닐까 하는 추측을 해볼 수 있다. 성경대로만 보면 마치 드로아에서 누가가 동행한 것처럼 되어 있다. 그러나 어디서 어떻게 누가를 만나게 되었는지는 기록하지 않았기 때문에 정확한 것을 알 수가 없다.

누가복음은 복음서들 중에서 가장 아름다운 문장으로 기록된 책이다.

누가는 아마도 주후 60년을 전후로 누가복음을 기록한 것 같다.

신약성경의 대부분은 유대인이 쓴 헬라어이지만, 누가복음은 헬라인이 쓴 헬라어이다.

바울이 그를 만났을 당시에는 그가 얼마나 좋은 일꾼이 될 것인지를 몰랐던 것 같다. 누가가 어디서 무엇 하던 사람인지 어디서 어떻게 만나게 되었는지 언급도 없다. 기록을 한 사람이 누가였으니까 본인이 자신에 관한 기사를 드러나게 쓰지는 않았을 것도 짐작할 수는 있다. 바울과 누가가 한 번이라도 헤어져 있었다면 누가에게 보낸 편지가 있던가 누가가 바울에게 보낸 편지가 있겠지만, 누가는 바울을 만난 후 바울이 순교하는 시간까지 한 번도 그 곁을 떠나지 않고 계속 동행했던 것으로 보인다.

누가는 바울과 동행하면서 복음의 깊은 것을 이해했던 사람이었다. 누가는 바울의 건강을 보살피면서 복음서를 기록할 자료를 정리하는 일은 게을리하지 않았다.

바울은 예루살렘에서 체포되어 가이사랴 감옥으로 보내져 거기서 약 2년 동안 체류하게 되었다. 이 기회에 누가는 팔레스타인 전체를 여행하면서 예수님의 발자취를 더듬어 답사하고 다른 기록자들이 빠뜨린 많은 자료들을 수집하였던 것 같다.

그가 기록한 누가복음은 상당 부분이 다른 복음서에서 찾아볼 수 없는 것들이요, 또 매우 중요한 내용을 담고 있는 것이다. 그런데도 그 책의 분량이 별로 늘어나지 않았다. 이것은 바로 누가의 필력筆力을 증거하는 것이다.

누가는 그의 책을 쓸 때 집필 동기를 밝히고 있다.

"우리 중에 이루어진 사실에 대하여 처음부터 말씀의 목격자 되고 일꾼된 자들의 전하여준 그대로 내력을 저술하려고 붓을 든 사람이 많은지라 그 모든 일을 근원부터 자세히 미루어 살핀 나도 데오빌로 각하에게 차례대로 써보내는 것이 좋은 줄 알았노니 이는 각하로 그 배운 바의 확실함을 알게 하려 함이라"(눅 1:1-4).

누가는 의사였을 뿐만 아니라 역사가였다고 전한다.
그의 책을 읽으면 역사가의 냄새를 느낄 수 있을 정도이다.

"디베료 가이사가 위에 있은 지 열다섯 해 곧 본디오 빌라도가 유대의 총독으로, 헤롯이 갈릴리의 분봉왕으로, 그 동생 빌립이 이두래와 드라고닛 지방의 분봉왕으로, 루사니아가 아빌레네의 분봉왕으로 안나스와 가야바

가 대제사장으로 있을 때에 하나님의 말씀이 빈들에서 사가랴의 아들 요한에게 임한지라

요한이 요단강 부근 각처에 와서 죄 사함을 얻게 하는 회개의 세례를 전파하니 선지자 이사야의 책에 쓴 바 광야에 외치는 자의 소리가 있어 가로되 너희는 주의 길을 예비하라 그의 첩경을 평탄케 하라 모든 골짜기가 메워지고 모든 산과 작은 산이 낮아지고 굽은 것이 곧아지고 험한 길이 평탄하여질 것이요 모든 육체가 하나님의 구원하심을 보리라 함과 같으니라”(눅 3:1-6).

그의 복음서를 읽으면 그가 역사에 얼마나 많은 관심을 기울이고 있는지를 알게 된다. 그는 범사에 세심한 정성을 기울이는 사람이었다. 그는 무슨 일이든지 근원부터 살피는 사람이었다. 근본을 캐는 사람이었다.

1. 예수 그리스도의 탄생뿐만 아니라 세례 요한의 탄생 기사까지 소상하게 밝혀서 기록하고 있다.
2. 그리고 그가 역사의 무대에 등장할 당시 시대적인 배경을 정확하게 기록하고 있다(3:1-2).
3. 인류의 족보를 말하면서 마치 유대나라만의 역사처럼 아브라함까지만 기술한 마태복음에서 미흡함을 느낀 그는 그 족보를 아예 아담까지, 그리고 그 이상은 하나님까지 연결한다. 그 정도의 실력을 갖추려면 적어도 역대상·하서를 정통하게 간파해야 할 것이다.
4. 누가복음에는 여러 가지 찬양이 터져 나온다. 마리아의 찬양, 사가랴의 찬양, 천사의 찬양, 시므온의 찬양, 그래서 찬양의 복음이라고 한다. 많은 성가곡들이 누가복음을 배경으로 하고 있다.
5. 누가복음은 회화적인 묘사가 뛰어나 화가들이 누가복음을 통하여 성화를 그리거나 조각을 한다.
6. 누가는 여인들에게 지대한 관심을 보이고 있다. 누가복음에는 실로 많은 여인들이 등장하고 있다.
7. 누가는 약한 자, 가난한 자, 병든 자, 세리, 창녀, 사마리아인 등에

특별한 애정을 가지고 있다.

8. 누가는 역사가답게 가이사 아구스도의 칙령이 있었다는 것을 확인하고 있다.

9. 누가는 예수님 탄생 때 목자의 경배가 있었다는 사실을 확인하였다.

10. 시므온과 안나가 구세주를 알아보고 찬양했다는 사실도 확인하였다.

11. 예수님의 12세 소년 시절의 사건도 챙겨서 기록하고 있다.

12. 나인성 과부의 아들을 살려내신 사건도 다른 복음에는 없는 내용이다.

13. 세리, 군인들과 세례 요한의 문답을 기록하고 있다.

14. 선한 사마리아인의 비유를 기록하고 있다.

15. 열 명의 문둥이를 고쳐주신 사건을 기록하고 있다.

16. 탕자와 아버지 비유를 누가가 수집하여 기록하고 있다.

17. 부자와 거지 나사로의 삶과 죽음을 다룬 비유도 누가복음에만 있다.

18. 엠마오 도상에서 주님을 만난 이야기가 누가의 세심한 답사에서 얻어진 기사이다.

19. 갈릴리 회당에서의 첫 번째 설교와 본문, 그리고 내용 및 청중들의 반응을 소상하게 기록하고 있다.

20. 여리고의 세리장 삭개오의 회개가 그림같이 묘사되어 있다.

21. 열두 제자 외에 70인 제자가 있었다는 것은 누가복음이 아니었다면 전혀 알 수가 없었던 것이다.

22. 마리아와 마르다의 집에서 말씀 듣는 마리아를 격려하신 것도 살펴서 기록해 넣었다.

23. 밤중에 찾아온 친구에게 그 강청함을 인하여 떡을 주는 비유가 있다.

24. 불의한 청지기의 비유도 있다.

25. 헤롯 왕 앞에서 조롱 당하신 예수님의 모습을 기록하고 있다.

26. 집을 지을 때 비용을 계산해보고 시작한다는 교훈을 기록하고 있다.

27. 바리새인의 집에 초대된 사건을 기록하고 있다.

28. 고창병 환자를 고친 사건을 기록하고 있다.

29. 불의한 재판관을 번거롭게 하는 과부의 이야기를 비유로 끈기 있게

기도할 것을 교훈하고 있다.

30. 바리새인과 죄인의 기도하는 자세를 대비하여 말씀하신 기사를 누가만이 살펴서 기록했다.
31. 부자의 헌금하는 자세와 가난한 과부의 헌금하는 자세를 두고 하신 말씀이 있다.
32. 포도원 가운데 심은 무화과가 열매를 맺지 않은 것을 비유로 말씀하신 것을 기록하고 있다.
33. 수종드는 종의 자세를 가르치고 있다.
34. 빌라도가 제물에 피를 섞은 일에 대하여 말씀하신 것도 누가가 취재하여 기록으로 남겼다.
35. 주제별로 편집된 듯한 인상을 남기는 마태복음에 대하여 만족하지 못한 누가는 이에 개의치 않고 전체를 재구성하는 노력을 더하였다는 것을 본문을 읽으면 알 수 있다.
36. 누가복음은 승천하신 사건까지 다루고 있다. 그 외에도 누가의 특수한 자료가 많이 있다.

전승에 의하면 바울이 순교한 후 그는 에베소와 비두니아에서 주의 복음을 전하다가 84세를 일기로 하나님께로 갔다고 전해지고 있다. 그의 무덤은 지금 에베소의 옛 성 입구에 자리하고 있다.

그는 누가복음 10장과 15-18장에 아름다운 비유를 챙겨서 실었는데, 읽는 사람으로 하여금 풍부한 감정과 다양한 문학적 자질을 지닌 사람이라는 것을 느끼게 한다.

누가가 의사였으며 선교사였다는 사실 때문에 많은 의사들이 감동을 받아 의료선교에 헌신하게 되는 것을 본다. 이는 누가를 기리고 만병의 의사 되신 우리 주님의 지상명령을 순종하려는 사람들의 아름다운 마음이다.

막달라 마리아

막달라 마리아는 갈리리 서쪽, 막달라 지방 출신의 여성으로 상류 계층의 부유한 환경에서 성장했다고 전해진다.

예수의 공생애 기간(AD 27-30년) 중에 그녀에게 들어 있던 일곱 귀신이 쫓겨나고부터 그녀는 주님의 제자들의 쓸 것을 공급한 것 같다. 당시에 막달라 지방은 염색과 직물공업으로 유명했다고 한다. 막달라 는 갈릴리 해안의 지명이었다. 고대에는 조선과 어업, 생선 저장법, 농 경 등으로 부유한 성읍이었으며 생활이 풍요로웠던 만큼 도덕적으로 는 부패가 만연했다고 전해지고 있다.

그녀는 일곱 귀신에게 사로잡혀 정신과 육체적으로 시달림을 당하 다가 예수님의 능력으로 치유되었다(마 27:56; 막 16:9; 눅 8:2). 당시 귀신이 들렸다는 것은 정신과 육체가 병에 시달렸다는 것을 의미하거 나 부도덕하다는 것으로 인식되었을 것으로 본다. 이로 인해 '창녀설' 이 전해지고 있으나, 근거는 없다.

그녀는 귀신이 쫓겨나자 예수께 감사하며 예수를 따르게 되었다 (눅 8:2-3).

갈릴리에서부터 예루살렘까지 예수님을 따르며 섬겼다(마 27:56). 때때로 남자들의 손과 마음이 미치지 못하는 영역에 여인들의 아름다운 봉사가 이루어지는 것은 그때나 지금이나 마찬가지일 것이다. 예수님의 공생애 기간에 이러한 여인들의 정성이 아니었다면 열두 제자를 거느린 주님은 참으로 어려울 때가 많았을 것이다.

빌라도 법정에서의 재판, 갈보리산에서의 십자가형과 예수님의 임종, 무덤에 시체가 매장 당하는 것까지 가장 소상하게 지켜본 사람은 아마도 막달라 마리아 혼자였던 것 같다. 삼일 후 향유를 가지고 예수의 무덤에 갔다가 최초로 예수님의 부활을 목격한 사람도 바로 막달라 마리아였다(마 28:1-9; 막 16:9; 요 20:1-16).

예수 그리스도의 부활의 복음을 맨 먼저 전하게 된 사람이 바로 이 여인이었다. 그녀는 베드로, 요한 등 사도들에게 달려가서 예수님의 부활의 소식을 전하였던 사람이다. 성경에는 마리아라는 이름이 많이 등장하는데 대체로 막달라 마리아의 이름이 맨 먼저 나오고 있다(마 27:56, 61; 28:1; 막 15:40, 47; 16:1, 9; 눅 8:2; 24:10; 요 20:1).

'마리아'라는 이름은 구약의 미리암에서 비롯된 이름이다.

그녀의 이름이 다른 마리아들보다 앞에 기록된 것은 그녀의 나이가 많아서인지 아니면 그녀의 봉사가 두드러져 초대교회가 그녀의 공로를 높이 평가해서인지는 분명치 않다. 그녀는 자기의 삶이 주 예수님으로 말미암아 새롭게 태어난 것으로 믿고 자기의 삶을 덤으로 생각하여 삶 전체를 드려서 살았던 것으로 평가된다. 만약 그렇다면 그녀야말로 가장 바르게 믿고 바르게 헌신하고 바르게 증거하고 바르게 봉사한 성도였다고 볼 수 있을 것이다.

이러한 헌신에 관하여 후에 바울이 기록한 문서를 볼 필요가 있다.

"그리스도의 사랑이 우리를 강권하시는도다 우리가 생각건대 한 사람이 모든 사람을 대신하여 죽었은즉 모든 사람이 죽은 것이라 저가 모든 사람을 대신하여 죽으심은 산 자들로 하여금 다시는 저희 자신을 위하여 살지 않고 오직 저희를 대신하여 죽었다가 다시 사신 자를 위하여 살게 하려 함이니라"(고후 5:14-15).

막달라 마리아는 주님께서 자신을 위하여 십자가에 대신 죽어주시기 전부터 아예 자기가 다시 새로운 삶을 얻은 것에 감격하여 자신의 삶 전체를 주 예수님께 헌신하여 살았다는 것을 알 수 있다. 그녀가 나중에 주께서 대신 죽어서 자신의 죄를 대속하셨다는 사실을 깨달았을 때는 더욱 충성스럽게 살았을 것이다.

우리가 알 것은 기독교의 영광은 바로 이런 사람에 의하여 드러난다는 것이다. 그것은 바로 이상한 사람이 정상적인 사람으로 변화되고 악령의 역사를 끝나게 하고 성령의 역사로 말미암아 거룩하게 변화되는 것이다. 연약한 사람이 강건하게 되고 괴악한 인물들이 선량하게 되는 데 있는 것이다.

진리의 진리 되는 증거는 사람을 거룩하게 하는 데 있다. 지난 역사를 돌아볼 때 복음이 들어가는 곳마다 이러한 역사는 계속적으로 일어났다. 앵글로 색슨족이나 바이킹족은 처음에는 해적들처럼 살았다. 그러나 그러한 사람들이라도 복음을 받아들이고 예수 그리스도를 만난 후에는 변화된 것이다.

세계 역사나 개인의 일생에서도 BC와 AD가 같을 수가 없다. 막달라 마리아가 예수님을 만난 후에는 오직 예수 그리스도 한 분만 섬기면 되는 것이었다.

귀신들은 억지로 그녀를 억압했지만 그리스도께서는 자원하는 마음으로 섬기게 하신 것이다. 막달라 마리아의 삶이 우리에게 주는 교훈은 여기에서 그치지 않는다. 그녀가 일곱 귀신이 들려 있었을 때의 삶을 보고는 아무도 그런 여인에게서 그러한 아름다운 봉사를 기대할 수는 없었다. 그러나 그러한 여인이 주를 만난 후의 변화된 모습은 우리를 놀라게 하는 것이다.

수가성 우물가에서 만난 여인의 삶도 마찬가지이다. 남편이 다섯이나 있었던 여자, 지금 있는 사람은 자기 남편도 아니라고 하니 그러한 여인에게서는 아무 것도 기대할 수가 없을 것 같다. 그러나 그녀가 예수님을 만나고 나서는 변화되었다는 것이다.

우리가 성경에서 만나는 많은 사람들이 주님을 만난 후에 바로 변화를 받았다는 것이다. 세리장 삭개오가 그렇고 마태가 그렇다. 우리는 어떤 사람의 현실만을 보고는 실망할 권리가 없다는 것을 깨닫게 된다. 왜냐하면 주께서 그를 향하여 어떤 계획을 가시고 계신지를 알 수 없기 때문이다. 만약 그 사람이 끝나는 순간까지 주님을 영접하지 않고 숨을 거두는 것을 보게 된다면 우리는 더 이상 희망을 가질 수 없을 것이다. 생명이 연장되고 있는 날 동안은 우리는 희망을 가질 수 있다. 하늘에 별이 반짝이고 들에 꽃이 피는 것을 보는 날까지는 우리에게 희망이 있는 것이다.

오네시모

빌 레몬서는 신약의 여러 서신들 중에서 짧은 서신들 중의 하나이다. 그러나 그 내용은 매우 중요한 교훈을 담고 있는 서신이다. 미국의 16대 대통령이 이 책을 읽고 크게 감동을 받아서 노예 해방운동을 일으켰다고 한다.

이 작은 서신은 신약성경에서 독특한 위치를 차지하고 있다. 그것은 이 서신이 바울의 여러 서신들 중에서 유일하게 보존된 사신私信이라는 점이다. 바울은 이 편지 말고도 많은 사신을 기록하여 활용했을 것이다. 그런데 다른 서신은 없어지고 이 편지가 보존되어서 성경에 전해지고 있다.

그래서 이 편지는 시작이 다르다. 일반적으로 바울의 다른 편지는 자신의 사도직의 권위로써 시작되고 있다. 그런데 빌레몬에게 보낸 편지는 그 성질이 공적인 문서가 아니라 사적인 편지였기에 자신의 사도직을 들먹일 필요가 없었다. 그뿐만 아니라 지금 바울은 이 편지를 쓰면서 누구에게 무엇을 가르치거나 명령하려고 하는 것이 아니라 오히려 호소하고 청원하려고 하고 있다. 그것은 다름이 아니라 오네시모라는 종의 일이었다.

이 서신의 발신자는 바울이고 수신자는 빌레몬이다. 그러나 주인공은 오네시모(유익한 사람)라는 이름이었다.

오네시모는 골로새 지방의 가정교회를 지도하는 빌레몬이라는 사람의 종이었는데 주인의 금품을 도적질하여 도망을 갔던 것 같다. 많은 사람의 틈바구니에 자신을 숨겨서 살려고 로마로 도망을 갔다가 어떻게 해서인지는 확실치 않으나 바울을 만나게 되어 그리스도인이 되었고 그의 삶이 변화되어 바울에게 있어서 매우 유익한 사람이 되었다는 것이다.

바울은 그를 곁에 두고 싶은 생각이 실제로 있었다. 그러나 엄연히 주인은 빌레몬이기 때문에 돌려보낸다는 것이다. 그러나 문제는 빌레몬이 오네시모를 어떻게 받아들이느냐 하는 것이었기 때문에 바울이 이 편지를 쓰고 있는 것이다.

당시의 사회제도에서 노예는 주인의 도구에 불과하였다. 주인이 노예를 소유하게 된 후로는 그 노예의 생명이 주인의 손에 달려 있었다. 심한 경우에는 노예를 십자가에 달아 죽일 수도 있었다. 유익이 전혀 없는 노예는 주인의 명령 한 마디에 그냥 십자가를 지고 죽어야 했다. 거기에 재판의 절차는 필요가 없었다. 그리고 변명이나 변호의 기회는 주어지지 않았다. 그래서 바울은 큰 위험에 처한 오네시모를 위하여 빌레몬에게 명령이라도 할 수 있는 일이지만 간절한 마음으로 호소하고 부탁하고 있는 것이다.

우리는 바울이 자기 자신의 일로 이러한 부탁을 하는 것을 본 적이 없다. 바울은 자기 자신이 그리스도 예수의 일로 나이가 많아서 감옥에 갇힌 자가 되어 갇힌 중에 낳은 아들 오네시모를 위하여 부탁의 편지를 쓰고 있는 것이다. 그래서 바울은 몇 가지를 들어서 부탁을 한다.

첫째, 오네시모가 전에는 정말 무익한 종이었다는 것을 시인하고 지금은 그리스도 안에서 변화되어 유익한 사람이 되었다는 것이다. 기독교의 영광은 다른 데 있는 것이 아니라 무익한 사람을 유익한 사람으로 변화시키는 데 있다. 악한 사람을 선한 사람으로 변화시키는 데 있는 것이다. 속된 사람을 거룩한 사람으로 변화시키는 데 있는 것이다. 사나운 사람을 온유한 사람으로 변화시키는 것이 기독교의 영광이다. 야만족이나 해적들을 변화시켜서 신사를 만들어낸다는 데 기독교의 영광이 있는 것이다. 창기를 변화시켜 거룩한 성녀를 만들고 세리를 변화시켜 사도를 만들어내고 깡패를 변화시켜 목사를 길러내는 것이다. 약하고 병든 자를 강건한 사람으로 만들어내는 데 있는 것이다.

오네시모라는 이름의 뜻은 ‘유익한 사람’이었다. 그러나 그의 이름은 바울을 만나기 전, 예수님을 만나기 전에는 그야말로 이름뿐이었다. 그러나 그가 바울을 만나고 예수 그리스도를 만난 후에는 정말 이름처럼 ‘유익한 사람’이 된 것이다.

둘째, 바울이 낳은 아들이 되었다는 것이다. 바울은 자신의 제자를 마치 아들같이 여기고 있다. 고린도인들을 향해서도 같은 말을 쓰고 있다.

“내가 너희를 부끄럽게 하려고 이것을 쓰는 것이 아니라 오직 너희를 내 사랑하는 자녀같이 권하려 하는 것이라 그리스도 안에서 일만 스승이 있으되 아비는 많지 아니하니 그리스도 예수 안에서 복음으로써 내가 너희를 낳았음이라 그러므로 내가 너희에게 권하노니 너희는 나를 본받는 자 되라”(고전 4:14-16).

만약 바울의 아들을 빌레몬이 영접하려면 마치 바울을 영접하듯이 해야 한다는 것이다. 이것은 진리이다. 하나님의 보내신 자를 영접하는 자는 하나님을 영접하듯이 해야 하고 그리스도의 보내신 자를 영접하는 자는 그리스도를 영접하듯이 해야 하는 것이다. 바울이 낳은 아들이라면 빌레몬은 자기의 노예였다는 사실을 넘어서지 않으면 안 되는 것이다. 왜냐하면 오네시모는 지금 옛날 도망한 노예, 도적질한 노예가 아니라 바울의 아들로 거듭난 것이기 때문이다. 이러한 의미에서 빌레몬이 오네시모를 영접해야 한다는 것을 다루고 있는 것이다.

여기서 우리가 간과해서는 안 될 사실이 있다. 거듭났다고 해서 사람에게 빚진 것을 갚지 않아도 된다고 말하지 않는다는 것이다. 오히려 그 옛사람의 빚진 것을 청산함으로써 온전한 새사람이 된다는 것이다. 그래서 바울은 자신이 오네시모의 빚진 것을 실제로 변상하겠다고 지불각서를 써서 보내는 것이다.

기독교는 변상 없는 용서를 가르치지 않는다. 채주가 탕감의 은혜를 베푸는 것은 그의 덕망에 맡길 것이지만 채무자가 변상 없는 용서를 주장할 수 있다고 가르치지는 않는다. 기독교는 죄에는 누군가가 대가를 대신이라도 지불해야 한다고 가르치고 있는 것이다. 예수님께서 바울 자신의 죄를 대신 담당해주신 것처럼 바울은 오네시모의 죄를 자신이 담당하려 하고 있는 것이다. 그러므로 오네시모를 용서하고 영접하여 달라는 것이다.

셋째, 그리스도께서 오네시모를 받으셨다는 것이다. 그래서 바울은 이제 오네시모가 노예이면서 또한 그리스도 안에서는 형제가 되었다는 사실을 기록하고 있는 것이다. 기독교의 위대한 점은 그리스도 안에서 마침내 형제가 되고 더 나아가 한 몸이 된다는 것이다. 기독교의 영광은 한 사람의 인격적인 변화와 아울러 관계에 변화를 가져온다는 것이다.

만약 나의 딸을 임금님이 아내로 맞아 황후를 삼았다고 하면 내 딸이 내게 '중전마마'가 되어 함부로 대할 수가 없는 것이다. 나의 종을 임금님이 양자로 삼았으면 나는 그 앞에 엎드려야 하는 것이다. 지금 오네시모는 그리스도께서 형제로, 하나님께서는 자녀로 받아들이신 것이다. 그렇다면 빌레몬이 오네시모에 대하여 끝까지 육신적인 관계만을 고집해서는 안 되는 것이었다.

여기에 빌레몬서의 비밀과 가치가 있다. 물론 이러한 관계를 죄를 지었던 오네시모가 주장할 것은 결코 아니었다. 그것은 바울이 빌레몬에게 할 수 있는 부탁이었지 명령이 아니었다. 이러한 점을 들어서 편지를 쓰는 바울은 빌레몬에게 저를 네게로 '돌려보낸다'는 말을 쓰고 있는데 이 돌려보낸다는 용어는 법률적인 용어로서 '나는 이 사건을 너에게 맡긴다'는 뜻을 가진 말이라고 한다. 빌레몬은 이 사건을 자기 양심의 법정에서 판결하되 그리스도 앞에서 해야 했다.

넷째, 바울은 오네시모가 잠시 떠나게 되었던 이 일이 오히려 선을 이루게 되었다는 사실을 들어 용서하라고 부탁하고 있는 것이다. 다시 말하면 잠시 떠나왔기 때문에 변화되어 영원히 곁을 떠나지 않을 종으로 변화된 것이니 용서하라고 부탁하고 있는 것이다. 이것도 우리가 믿는 진리 중의 하나이다. 탕자가 집에 있었다면 항상 집 나갈 기회만 엿보고 있었을 것이다. 그러나 그가 잠깐 나가서 죽을 고생을 하고 돌아옴으로써 영원히 아버지 곁을 떠나지 않을 아들로 변화된 것이었다. 사람이 어려서부터 성실 일변도로 살아갈 수만 있다면 더없이 다행이지만 바람을 피울작시면 올바람을 피우고 돌아와 마음잡고 일하는 것이 좋을 것이다.

이 책은 기독교 윤리적인 측면에서 매우 중요한 위치를 차지하는 내용을 담고 있다. 종이라도 주 안에서는 한 형제라는 사실을 가르치고 있는 것이다.

유익하게 변화된 오네시모　115

전에 무익하던 사람이 예수 그리스도로 말미암아 유익한 사람으로 변하는 것을 보여준다. 오네시모의 빚진 것을 바울이 갚아주겠다는 정신에서 우리는 구속救贖의 도리를 깨닫는다.

주인집으로 돌아간 오네시모가 그 후 어떠한 자세로 일했을까 하는 여운을 향기처럼 남기는 아름다운 서신이다. 이 편지 역시 바울이 로마 감옥에서 기록한 것이다.

오네시모가 소아시아의 골로새에서 도망하여 로마까지 갔는데 거기서 하나님의 인도로 바울을 만나게 되었고 바울의 전도를 인하여 훌륭한 그리스도인이 되어서 주인에게로 돌아가는 것이다.

마치 우리가 하나님의 곁을 떠났다가 회개하고 하나님의 품으로 돌아가는 것과 유비類比=analogy가 있다고 할 것이다. 그리고 잠시 주인의 곁을 떠난 것을 깨닫고 돌아가 영원히 함께 거하게 되는 과정으로 이해할 수 있는 사건이다. 이것은 복음의 진리를 구체적으로 드러나게 한다. 주인의 재물을 훔쳐서 달아나는 것은 악한 일이다. 그러나 하나님께서는 그의 악을 선한 기회로 바꾸어서 모든 것이 합력하여 선을 이루게 하신 것이다.

이 책도 역시 두기고가 에베소서, 골로새서와 함께 오네시모를 대동하고 전달한 서신이다.

두기고는 오네시모를 데리고 빌레몬을 찾아갔을 것이다. 그리고 그 자리에서 바울의 안부와 함께 이 편지를 전달했을 것이다. 빌레몬은 그 자리에서 바울의 간곡한 편지를 읽었을 것이다. 바울의 감옥생활과 거기서 오네시모를 유익한 사람으로 만들어 돌려보낸 일이며 거기 담긴 복음의 진리를 뜨겁게 읽으면서 눈물을 흘렸을 것이다. 그리고 오네시모는 두기고의 등 뒤에서 머리를 수그리고 있었을 것이다. 빌레몬의 아내 압비아와 그 아들 아킵보가 거기 함께 있었을 것이다.

바울은 빌레몬이 자신이 부탁한 것 이상으로 오네시모에게 해줄 것이라고 확신하고 있다. 그리고 이러한 조처에 대하여 오네시모는 순전한 믿음을 가지고 주인 빌레몬에게 돌아가고 있다. 그 믿음이란 바울의 중보를 인하여 빌레몬이 자신을 용서하고 받아줄 것이라는 믿음이다. 그러한 믿음은 그리스도의 중보로 하나님 아버지께서 우리를 받아주시리라는 믿음과 맥을 같이 하고 있는 것이다.

그러나 바울은 종들이 같은 신앙을 가진 주인에게 주 안에서 형제라는 이 사실을 마치 무슨 큰 권리나 되는 것처럼 주인에게 경솔하게 행서는 안 된다는 것을 가르치는 편지를 따로 써서 보내고 있다.

"믿는 상전이 있는 자들은 그 상전을 형제라고 경히 여기지 말고 더 잘 섬기게 하라 이는 유익을 받는 자들이 믿는 자요 사랑을 받는 자임이니라 너는 이것들을 가르치고 권하라"(딤전 6:2).

"종들아 두려워하고 떨며 성실한 마음으로 육체의 상전에게 순종하기를 그리스도께 하듯 하여 눈가림만 하여 사람을 기쁘게 하는 자처럼 하지 말고 그리스도의 종들처럼 마음으로 하나님의 뜻을 행하여"(엡 6:5-6).

"종들아 모든 일에 육신의 상전들에게 순종하되 사람을 기쁘게 하는 자와 같이 눈가림만 하지 말고 오직 주를 두려워하여 성실한 마음으로 하라"(골 3:22).

"상전들아 의와 공평을 종들에게 베풀지니 너희에게도 하늘에 상전이 계심을 알지어다"(골 4:1).

바울이 만약 노예 해방운동 같은 것을 진리라고 무모하게 떠들어 댔다면 그 많은 노예들을 단속하고 법령은 더 엄해지고 따라서 노예들의 해방도 이루어지지 못했을 것이다.

어차피 성도의 삶은 섬기는 삶이어야 한다면 종이 되어서 주인을 더 잘 섬김으로 주인을 감동시키는 것이 자신이 자유하게 되는 첩경이다. 자신의 주인이 주님을 알게 되어 같이 믿게 되는 길이 비록 더딘 것 같아도 그것이 바로 가장 확실하고 떳떳한 길이었던 것이다. 지금 로마에는 노예가 없다. 아니 전 세계적으로 노예제도는 거의 없어졌다. 그것은 바로 이 오네시모의 회개와 빌레몬의 용서와 바울의 교훈과 중보, 무엇보다 그리스도 예수 우리 주님의 은혜로 이렇게 된 것이다.

바울은 자신이 옥에 갇힘으로써 주인의 금품을 도적질하여 도망친 노예였던 오네시모를 만나 변화시키게 되었고 그 오네시모로 인하여 이 세상에서 노예제도가 없어지게 된 것이다.

어떤 학자들은 그 오네시모를 빌레몬은 다시 바울을 섬기도록 바울에게 돌려보내 주었고, 그 후 오네시모는 바울을 모시고 배워서 훌륭한 주의 일꾼이 되어서 마침내 후일에 에베소교회의 감독이 되었으며, 그 오네시모가 바울의 서신들을 수집하기 시작한 것이 오늘날 우리가 가진 바울서신들이라고 보는 사람도 있다.

그 학설이 근거가 있는 것은 그 후 약 50년 후에 안디옥교회 감독인 이그나티우스가 로마로 소환되어가면서 서머나에서 에베소교회의 감독에게 보낸 서신 중에 에베소교회의 감독이 오네시모라는 이름으로 나오기 때문이다. 그 서신에서 이그나티우스는 에베소의 감독을 위대한 감독으로 존경하고 있는 것을 볼 수 있다. 이렇게 노예 출신의 감독이 당시 세계교회의 선교적 중심교회의 감독이 되어 로마 관도 내의 모든 지역에서 그리스도를 믿는 종들을 잘 지도했기에 주를 믿는 노예들이 진실과 성실로 순종하여 주인들을 감동시켜 마침내 전세계가 기독교 세계가 되었던 것으로 볼 수 있을 것이다. 이것이 사실이라고 하면 오네시모야말로 인류 역사상 참으로 위대한 일을 한 사람으로 기억되어야 할 사람이다.

복음의 조력자
마 가

마가는 마르코스로 읽어야 바르게 읽혀지는 이름이다. 마가는 '비추이다'라는 뜻이다. 본명은 요한으로 그의 어머니는 바나바의 여동생이며 구브로 출신이었던 것 같다. 그는 예루살렘 부유한 가정에서 자라났던 것으로 전해진다. 그러나 그의 아버지에 대한 기록이 없는 것으로 보아 아버지는 일찍 세상을 떠난 것으로 볼 수 있다.

물동이를 가지고 제자들을 안내했던 사람(막 14:13)이 바로 마가였으며, 예수님께서 체포되시던 새벽에 벗은 몸으로 도망했던 젊은이(막 14:51-52)가 마가였다고 전해진다.

마가는 바나바의 생질로 그의 어머니 이름도 마리아였다(행 12:12). 그는 어려서부터 헬라어를 배웠으며 비교적 여유 있는 가정에서 자라났고 율법에도 매우 열심이 있었던 것같이 보인다. 특별히 마가의 어머니 마리아는 매우 개방적이고 진취적인 여인이었던 것 같다. 그녀의 집 이층 다락방은 예수님께서 최후의 만찬을 드셨던 곳으로 유명하고 예수님께서 부활하신 후 제자들이 계속적으로 모임을 가질 수 있었던 곳이다. 오순절이 되어 성령께서 강림하셨던 곳도 바로 그녀의 다락방이었다.

주님께서 유월절 식사를 위하여 준비하려 하실 때 이를 주선한 사람이 아마도 바나바였을 가능성이 있다. 예수님께서 그 전에는 예루살렘에서 유숙하실 곳이 없으셨던지 대개 베다니까지 나가서 나사로의 집에 신세를 지시곤 했다. 그런데 예수님께서 열두 제자들 외에 70인 제자를 길러내셨는데 그 중에 바나바가 있었고 바나바를 통하여 마가의 어머니 마리아가 자기의 다락방을 개방하여 예수님의 일행을 영접하였던 것 같다.

우리가 아는 대로, 바나바의 성격이 온유하고 착하고 후덕한 것을 보면 그의 누나였던지 아니면 여동생이었던 마가의 어머니 마리아도 성품이 아름다운 여인이었을 것이다.

유대인들 중 본토에서 태어난 사람들보다는 열방에 흩어져 살던 사람들 중에 오히려 견문이 넓고 매우 개방적이고 진취적인 사람들이 많았다.

유대인들이 유일하신 하나님만 섬기면서 고도의 윤리와 넓어진 안목을 갖추었을 경우 복음 사역의 좋은 일꾼들이 된 경우가 많았다. 바울과 바나바, 아볼로, 디모데, 아굴라, 브리스길라, 루디아 등의 걸출한 인물들이 다 유대인으로서 해외에서 견문을 넓힌 사람들이었다.

넓은 세상으로 여행을 해보는 것은 그런 의미에서 오늘날도 매우 유익한 것이다. 유대인들이 본토에서 폐쇄된 율법주의자가 되었을 때는 복음에 거치는 사람들이 되었다. 그러나 위에서 본 대로 유대인으로서 넓은 세상을 다녀본 사람들 중에서는 하나님의 복음을 위하여 유익하게 쓰임 받은 일꾼들이 많았던 것을 알 수 있다.

오라버니 바나바를 통하여 예수님을 알게 된 마리아는 요한 마가의 장래를 바나바에게 맡긴 것 같다. 그래서 마가는 외삼촌 바나바를 수행하여 안디옥에서 일하고 있다가 첫 번째 전도여행에 바울과 바나바의 수행원으로 동행하였던 것이다. 그러나 밤빌리아의 버가에 이르러 혹심한 고생과 견해차가 심해지자 마가는 도중에서 이탈하여 구브로로 돌아오게 되었고 바울은 이 일을 매우 불쾌하게 여겼던 것 같다.

"마가와 바울의 견해차는 도대체 무엇이었을까" 하는 의문을 갖는 사람들이 많다. 마가는 매우 열심 있는 율법주의자요 또 할례를 주장했던 것 같다. 반면에 바울은 이미 할례나 무할례가 예수 그리스도 안에서는 아무런 의미가 없다는 것을 확신하고 있었던 것이다. 이 문제는 바울과 마가의 관계를 매우 어렵게 했던 것 같다. 이때는 마가가 끝내 바울의 복음을 이해하지 못하고 돌아섰던 것이다.

첫 번째 전도여행은 마가의 염려와는 달리 매우 성공적으로 열매가 있었다. 이어서 두 번째 전도여행을 떠나게 되었을 때 마가가 다시 동행하기를 원했던 것 같다. 그것은 마가의 심경에 변화가 있었다는 것을 시사한다. 외삼촌 바나바로부터 경과와 열매를 듣기도 하였을 것이고 마가 자신이 그간에 복음의 진수를 재고해 보았을 것이다.

그러나 바울은 결코 마가를 받아들이지 않았다. 이 일로 인하여 심지어 바나바와도 결렬되고 말았다. 불행하게도 그 후로 바울과 바나바는 다시 만날 수 있는 기회가 없었던 것이다. 바나바는 마가와 함께 구브로를 향하여 출발하였고, 바울은 실루아노를 데리고 길리기아로 가게 되었다. 그 길로 바나바는 어디에선가 순교하게 된 듯하다. 마가는 그 후 베드로의 수행원으로 활동하였던 것으로 전해진다.

바울의 입장에서 보면 마가는 할례당이었고 할례당은 바울이 용납하지 않으려고 했던 것이다. 그러나 세월이 흘러가는 가운데 마가는 바울을 이해하게 되었고 할례가 절대적인 것이 아니라는 사실을 알게 되었던 것이다.

반면에 바울은 마가 같은 사람은 주의 복음을 위하여 적합한 인물이 아니라고 생각했다. 그러나 시간이 흐르면서 마가가 매우 훌륭한 사역자가 되어 가는 것을 보게 되었다.

　바울이 로마에서 연금 상태에 있을 때 마가가 바울을 면회하기 위하여 방문을 했던 것 같다. 정확하지는 않지만 그때는 결렬되었던 때로부터 약 십 년이란 세월이 흐른 후였다. 그리고 거기서 많은 대화를 통하여 바울과 마가는 서로 깊은 이해와 교제를 나누게 된 것 같다. 마가가 다녀간 후 바울은 곧이어 에베소서, 골로새서, 빌레몬서를 쓰게 되었다.

　골로새에 보낸 바울의 서신에서 바울이 마가에 대하여 한 말을 읽을 수 있다. 바울은 마가가 이제 골로새에 방문하거든 주의 사자로 합당한 예절로 영접하라는 당부를 하고 있는 것이다.

　"나와 함께 갇힌 아리스다고와 바나바의 생질 마가와(이 마가에 대하여 너희가 명을 받았으매 그가 이르거든 영접하라) 유스도라 하는 예수도 너희에게 문안하니 저희는 할례당이라 이들만 하나님 나라를 위하여 함께 역사하는 자들이니 이런 사람들이 나의 위로가 되었느니라"(골 4:10-11).

　마가와 유스도를 보면서 바울은 차츰 할례당 가운데도 하나님의 일꾼이 있다는 것을 깨닫게 되었다. 이뿐만 아니라 바울은 이제 마가를 다시 "나의 동역자"라고 부르고 있다(몬 24). 마가는 바울의 생각보다 더 훌륭한 일을 해냈다. 율법에도 밝은 사람이었고 복음도 깊이 이해하게 되었다. 바나바를 수행하면서 많은 것을 배우게 되었으며 베드로를 수행하면서 더 깊이 예수님을 알게 되었다. 그리고 그는 바울을 이해하게 됨으로 가장 넓은 이해력을 가진 하나님의 종이 되었다.

　그는 로마에 있는 그리스도인들을 위하여 예수님의 생애에 대하여 비교적 간결한 내용으로 복음서를 기록하여 보내게 되었다. 우리가 알고 있는 마가복음이 바로 그의 책이다.

전승에 의하면 마가는 애굽에 가서 복음을 전했다고 한다. 그리고 지금의 카이로와 알렉산드리아에도 마가의 전통을 이어오는 교회들이 건재하고 있다. 뿐만 아니라 이탈리아의 베네치아에도 가보면 산 마르코 교회와 산 마르코 광장이 유명하다. 마가의 활동 영역은 유대와 구브로 안디옥, 소아시아, 로마, 베네치아, 애굽의 알렉산드리아 등으로 그는 온 세계를 다니면서 복음을 전하고 가르쳤던 것 같다.

전승에 의하면 AD 64년경 알렉산드리아에서 순교했다고 한다. 주경신학자들에 의하면 복음서들 중에서 마가복음은 매우 일찍 기록되어 다른 복음서 기자들이 마가복음을 참고했다고 한다. 마가복음은 베드로에게서 들은 것을 마가가 잘 정리했다는 사실 때문에 권위 있게 여겨서 참고했을 것이라는 견해이다.

1차 전도여행에서 도중 하차한 까닭에 바울과 마가는 한동안 불편한 관계였다. 10여년이 지나서 바울이 로마에 연금되었을 때 마가가 감옥으로 바울을 찾아옴으로써 두 사람은 서로를 향한 이해를 넓히게 되었다. 그리고 바울이 두 번째 로마의 마메딘 감옥에 투옥되어 순교의 시간을 기다리면서 기록한 디모데후서에는 에베소에 있는 디모데에게 로마로 오면서 마가를 데리고 오라고 부탁하고 있다.

"너는 어서 속히 내게로 오라 데마는 이 세상을 사랑하여 나를 버리고 데살로니가로 갔고 그레스게는 갈라디아로, 디도는 달마디아로 갔고 누가만 나와 함께 있느니라 네가 올 때에 마가를 데리고 오라 저가 나의 일에 유익하니라 두기고는 에베소로 보내었노라 네가 올 때에 내가 드로아 가보의 집에 둔 겉옷을 가지고 오고 또 책은 특별히 가죽 종이에 쓴 것을 가져오라"(딤후 4:9-13).

많은 사람들이 바울과 동역했는데, 바울은 정작 마메딘 감옥에 투옥되자 풀려날 희망이 사라지게 되었다. 그렇게 되자 한 사람 두 사람 바울의 곁에서 떠나게 되었고 바울을 위하려 변호하려는 증인도 없었다. 바울은 많은 사람들의 얼굴이 떠올랐다. 그 중에 사무치게 보고 싶은 몇 사람의 얼굴이 떠올랐다. 특히 거짓이 없는 믿음을 가진 디모데와 갈수록 더 신실해지는 마가를 보고 싶어하였던 것이다.

요하네스 마르코스, 그는 처음보다 나중이 더 유익한 하나님의 일꾼이 되었던 사람이다. 그에 대한 행적을 상세하게 기록한 문서가 없어서 자세히는 알 수 없으나, 그의 활약은 우리의 상상을 훨씬 넘어서는 것 같다.

어부에서 사도가 된

베드로

베 드로의 본명은 시몬이었다. 그에게 예수님께서 아람어로 '게바' (케파스)라는 이름을 더하여 주셨는데, 이를 헬라어로 번역한 이름이 페트로스 즉 베드로였다. 베드로는 요한의 아들이라고 불리기도 하고 요나의 아들로 불리기도 하지만 그의 아버지에 대해서는 기록된 것이 없다. 그는 본래 벳새다 사람이었지만 후에 가버나움으로 이사를 했던 것으로 알려져 있다(요 1:44).

그는 소명을 받기 전에 이미 결혼했던 것 같다(마 8:14). 그의 동생은 안드레였다. 예수님의 소명을 받을 때까지 그는 어부로서 갈릴리 바다에서 물고기를 잡아서 생활하고 있었다. 그는 주님을 만날 때까지는 특별히 교육을 받은 것이 없었으며, 갈릴리 사투리를 쓰고 있었던 것 같다(마 26:73). 일반적으로 갈릴리 사투리는 히브리어와 아람어가 혼합되어 쓰인 것 같다. 예수님께서도 평소에는 아람어가 혼합된 갈릴리 지방의 언어를 쓰신 것으로 보인다.

그는 갈릴리 해변에서 고기를 잡다가 예수님의 부르심을 받고 즉시 따라나서게 된 것이 마침내 예수 그리스도의 제자가 되었고 시간이 흐르면서 제자들 중에서 대표자가 되어 가는 것을 알 수 있다. 예수님의 열두 제자 중에서 베드로가 대표가 될 정도였다면 확실히 주님께서 평범한 사람들을 뽑으신 것이 분명해진다(마 14:28-31).

　예수님의 위대한 점은 분명히 보통 사람을 불러서 위대한 인물로 변화시키는 데 있다고 할 것이다. 우리가 신약성경을 읽어가노라면 사실 예수님처럼 낮아진 사람이 없고 베드로처럼 높여진 인물이 없다는 것을 깨닫게 된다.

　베드로는 매우 직선적이고 단순한 사람이었던 것 같다. 그는 성격이 비교적 급한 편이었다. 말에나 일에 먼저 나서기 때문에 간혹 실수도 하지만 악의는 없었던 것 같다. 그는 용기도 있었고 믿음도 있었지만 인간적인 나약함도 있었다. 그는 무슨 일을 하든지 매우 적극적으로 하였던 사람 같다. 그는 예수님과 3년 동안 동행하면서 가장 가까이서 충성하였던 사람이다. 그는 예수님의 하시는 일을 다 이해하지 못했지만 예수님의 말씀이면 일단 순종하는 사람이었다.

　적어도 3년 동안 베드로는 주님의 말씀이라면 물불을 가리지 않고 뛰었다. 그는 자기 경험이나 이성으로 납득할 수 없는 일도 예수님께서 말씀하시면 그저 순종해보는 사람이었다.

　그의 믿음은 언제나 그러한 체험을 통하여 성장했던 것 같다. 베드로는 자주 실수를 하였지만 예수님께서는 그러한 베드로를 언제나 용서하고 또 이해하셨다. 그리고 여간해서는 베드로를 책망하지 않으셨던 것 같다. 베드로나 다른 제자들의 약점을 모르시고 선택하신 것이 아니라 그러한 모든 약점들을 다 아시면서 선택하셨기 때문에 예수님께서 제자들에 대하며 뒤늦게 실망하시거나 당황하시는 일은 없었다.

　베드로가 예수님을 만난 후에는 예수님과 함께 하는 일 외에는 아무 것도 되는 것이 없었다. 예수님의 말씀대로만 하면 안 되는 것이 없고 예수님의 말씀을 떠나서는 되는 일이 없었다. 예수님과 거리가 약간만 떨어져도 곧 문제가 발생하였다. 그렇게 익숙하던 바닷길, 그렇게 몸에 밴 뱃일, 그러나 배 안에 예수님께서 안 계시면 금방 풍랑이 일어나고 폭풍우가 덮치고 해서 쩔쩔매게 된다. 그러나 예수님께서 배에 오르시면 만사는 곧 수습이 되었다. 어떤 때는 예수님께서 같은 배에 타고 계셨지만 예수님께서 잠깐 주무시기만 해도 금방 폭풍이 몰아치고 풍우가 대작하여 혼이 난 적도 있었다.

예수님께서 안 계실 때는 귀신들린 아이 하나를 고칠 수가 없었다. 예수님과 멀어지기만 해도 꼭꼭 무슨 일이 벌어지고 또 해결이 되지 않았다. 그런 일들을 여러 번 겪었지만 베드로는 아직도 잘 깨닫지 못하고 있었다. 그러나 주님께서는 최후의 만찬을 드시고 나서 제자들에게 말씀하셨다.

"내 안에 거하라 나도 너희 안에 거하리라 가지가 포도나무에 붙어 있지 아니하면 절로 과실을 맺을 수 없음같이 너희도 내 안에 있지 아니하면 그러하리라 나는 포도나무요 너희는 가지니 저가 내 안에 내가 저 안에 있으면 이 사람은 과실을 많이 맺나니 나를 떠나서는 너희가 아무 것도 할 수 없음이라

사람이 내 안에 거하지 아니하면 가지처럼 밖에 버리워 말라지나니 사람들이 이것을 모아다가 불에 던져 사르느니라 너희가 내 안에 거하고 내 말이 너희 안에 거하면 무엇이든지 원하는 대로 구하라 그리하면 이루리라 너희가 과실을 많이 맺으면 내 아버지께서 영광을 받으실 것이요 너희가 내 제자가 되리라

아버지께서 나를 사랑하신 것같이 나도 너희를 사랑하였으니 나의 사랑 안에 거하라 내가 아버지의 계명을 지켜 그의 사랑 안에 거하는 것같이 너희도 내 계명을 지키면 내 사랑 안에 거하리라 내가 이것을 너희에게 이름은 내 기쁨이 너희 안에 있어 너희 기쁨을 충만하게 하려 함이니라

내 계명은 곧 내가 너희를 사랑한 것같이 너희도 서로 사랑하라 하는 이것이니라 사람이 친구를 위하여 자기 목숨을 버리면 이에서 더 큰 사랑이 없나니 너희가 나의 명하는 대로 행하면 곧 나의 친구라 이제부터는 너희를

종이라 하지 아니하리니 종은 주인의 하는 것을 알지 못함이라 너희를 친구라 하였노니 내가 내 아버지께 들은 것을 다 너희에게 알게 하였음이니라

너희가 나를 택한 것이 아니요 내가 너희를 택하여 세웠나니 이는 너희로 가서 과실을 맺게 하고 또 너희 과실이 항상 있게 하여 내 이름으로 아버지께 무엇을 구하든지 다 받게 하려 함이니라 내가 이것을 너희에게 명함은 너희로 서로 사랑하게 하려 함이로라"(요 15:4-17).

네로 황제의 박해가 시작된 것을 두고 베드로는 이러한 박해를 잠깐 있을 시험이요 또 시련이라고 말하고 있다. 교회의 역사는 아직 40년도 되지 않았으나 얼마나 복음이 널리 전파되고 있었는가를 볼 수 있다. 본도, 갈라디아, 가파도기아, 아시아, 비두니아 등지는 지금의 터키 일대를 말하는 것이다.

신분 보장도 되지 않던 시대에 그 열악한 교통을 불사하고 복음을 이렇게 편만하게 전한 사도들의 열정을 여기서 볼 수 있다. 이런 지방의 교회들은 대개 바울이 개척했던 교회들이다. 이러한 곳에 베드로가 서신을 보내어 위로하고 격려하며 경계하고 있다.

바울도 이러한 편지들을 보내었고 사도 요한도 계시록을 써서 이런 지방의 교회들에 보냈다. 베드로는 그의 서신에서 시련을 이기는 소망에 대하여 말하고 있다. 시험과 시련과 환난이나 핍박은 잠깐 있는 것이요, 우리의 소망의 기업은 썩지 않고 쇠하지 않고 더럽지 않은 것이다. 이것은 하늘에 간직한 것으로 영원한 것이다. 그것은 칭찬과 영광과 존귀를 얻게 하시는 것이다. 신앙생활의 3대 요소는 믿음과 소망과 사랑이다. 그런데 그 중에서 제일은 사랑이라 했다.

여러 종들이 이에 대하여 증거하는 가운데 특별히 바울과 베드로가 소망의 중요성을 자주 언급하고 있다. 지금은 우리가 믿음의 열매

를 현재적인 결과로 얻고자 하지만 그때는 예수님을 믿으면 이 세상에 대해서는 죽는 것이요 다음 세상에 가서라야 참 소망이 있는 것으로 알고 믿었다. 믿음과 소망이 연약하여 혹독한 박해를 견디다 못해 배교하는 사람도 있었던 것 같다. 주님의 재림에 대한 조급한 기대를 가지고 기다리다가 지치고 낙심하는 사람들이 속출하고 있었다. 베드로는 성도들이 믿음만으로는 부족하다는 것을 느끼게 된 것 같다. 지금까지는 여러 사도들이 살아서 지도했으니까 문제가 있어도 해결이 되었지만 사도들이 한 분 두 분 순교하게 되니 지속적으로 교회를 지도해나갈 사람들이 필요하다는 것을 느끼게 되었다.

믿음에 덕을, 덕에 지식을, 지식에 절제를, 절제에 인내를, 인내에 경건을, 경건에 형제 우애를, 형제 우애에 사랑을 공급해야겠다고 말씀하고 있다.

민간에는 거짓 선지자도 있고 가만히 들어온 위장신자도 있고 이단을 끌어들이는 어떤 사람들이 있었다. 성도들이 지식이 없어서 여러 가지 이단과 사이비에 빠질 위험에 놓이게 된 것이다. 예수를 바로 알고 바로 믿어야 되겠다는 것을 절감하게 된 것이다. 그래서 사실 경전을 기록해서 남겨야겠다는 필요를 느끼게 된 것이다.

또 성경을 가르치는 사람들 중에는 잘못 가르치는 사람들이 생기게 된 것이다. 해석을 억지로 하거나 사사로이 하는 사람들도 생겼다. 이익을 위하여 종교행위를 하는 사람들이 있었다. 경건을 이익의 수단으로 생각하는 사람들, 즉 발람의 교훈을 따르는 사람들이 있었다. 그리스도의 재림을 부인하려는 사람들이 있었다. 마귀는 우는 사자같이 삼킬 자를 두루 찾아다니고 있었다. 이러한 때 베드로는 베드로전서와 후서를 기록하여 소아시아의 여러 지방에 산재한 교회들을 위로하고 격려하였던 것이다.

베드로는 교황이 아니었다.

로마의 교황청 성 베드로 성당에서는 베드로를 초대 교황으로 기록하고 있다. 그러나 우리가 가진 성경에는 베드로가 로마에 갔다는 증거는 단 한 구절도 없다.

베드로의 행방에 대하여서는 아무도 바르게 아는 사람이 없다. 연령으로 보아서 바울과 비슷한 시기에 순교했을 것으로 보지만, 어디서 어떻게 순교했는지 어느 곳에도 기록은 없다. 많은 사람들이 베드로가 거꾸로 십자가에 못 박혔다는 것을 역사적인 사실로 알고 이야기하고 있는데, 성경에는 그 흔적을 찾을 수 없으며 믿을 만한 역사적 기록에 근거한 것이 아니다. 베드로의 행방에 대하여 가장 오래 되었다고 보여지는 기록은 베드로행전이라는 외경의 기록이다.

베드로행전이라는 이 외경은 바울이 스페인 전도를 위하여 로마를 떠난 후에 베드로가 예루살렘으로부터 로마에 도착하여 마술사 시몬과 여러 가지 영적인 투쟁을 한 것으로 기록하고 있다. 그러나 이 외경은 신약성경을 확정할 당시 전혀 그 권위가 인정된 바가 없는 근거가 희박한 외경이었다.

베드로의 행적을 기록한 그 문서가 신빙성이 있는 것이었다면, 초대교회가 신약 27권을 확정할 때 그 책을 배제할 이유가 없었을 것이다. 더구나 신약의 27권이 확정된 것은 4세기 말(AD 397년 제 3차 칼타고회의)에 가서였던 것이다.

그 후 오늘까지 계속하여 발견되는 외경들 중 1884년 이집트의 한 무덤에서 발견된 문서들 중에는 베드로복음서, 니고데모복음서, 바돌로매복음서 등이 있었지만 거의가 마니교와 같은 이단들이 사용하던 조잡하고 난삽難澁한 작품들이었다.

최근에는 1946년 이집트의 케노보스키온 지방 룩소르 북방 48km 지점에서 발견된 것이 있는데 그 분량이 794페이지나 되는 방대한 것이었다. 대부분이 곱트어로 기록된 문서들이었는데 그 안에는 약 48개의 작품들이 거의 원형대로 발견되었다. 그런 문서들 중에 상당 부분은 초대교회의 최대 이단이었던 영지주의자들의 기록물들이 포함되어 있었던 것이다.

그러나 실제로 일반 성도들은 그러한 외경을 연구해서 알게 된 것이 아니라 헨리크 센키비치의 소설에 나오는 이야기를 역사적인 사실처럼 알고 있는 것이다. 『퀴바디스』라는 소설에 나오는 그 이야기는 역사적인 기록에는 한 줄도 없다. 그 이야기도 옛날의 이야기가 아니라 19세기 폴란드의 소설가 헨리크 센키비치(Henryk Sienkiewicz, 1846-1916)의 소설에서 처음으로 나오는 것이다.

그는 폴란드의 독립 운동가였다. 헨리크 센키비치는 1846년 5월 5일 폴란드의 볼라 오크세이스카에서 귀족의 아들로 태어났다. 그는 처음에 바르샤바대학의 의학부에서 공부하다가 문학부로 옮겨서 공부했다.

센키비치가 『퀴바디스Quo Vadis』를 발표한 것은 1895년, 그의 나이 48세 때였다. 그해 3월 26일부터 가제타 폴스카지에 발표한 것이 이듬해까지 연재되었다. 1900년에는 불어로 번역되었고 4개월만에 12만부가 팔려나갔다. 그 후 약 35개 국어로 번역되었고 곧 영화화되어 온 세계로 확산되었다.

베드로를 초대 교황이라고 우기는 것보다 더 억지스런 일은 세계 역사에 없을 것이다. 우리는 베드로전·후서를 통하여 베드로의 자세를 볼 수 있다.

"너희 중 장로들에게 권하노니 나는 함께 장로 된 자요 그리스도의 고난의 증인이요 나타날 영광에 참예할 자로라 너희 중에 있는 하나님의 양무

리를 치되 부득이함으로 하지 말고 오직 하나님의 뜻을 좇아 자원함으로
하며 더러운 이를 위하여 하지 말고 오직 즐거운 뜻으로 하며 맡기운 자들
에게 주장하는 자세로 하지 말고 오직 양무리의 본이 되라"(벧전 5:1-3).

예수님께서는 교황의 제도를 허락하신 적이 없었다. 교회에서는
언제나 사도가 있었고 감독이 있었고 장로가 있었다. 그리고 목사가
있었다. 교사가 있었다. 그리고 집사가 있었다.

베드로는 말년에 쓴 그의 서신에서 자신을 교황이라고 하지 않고
예수 그리스도의 종이요 사도이며 장로라고 기록하고 있다. 교황 제도
하의 교황은 결혼을 할 수 없게 정해 놓았다. 베드로는 분명히 결혼을
했던 사람이다(마 8:10; 고전 9:15). 베드로는 고넬료가 자신에게 무릎
꿇고 절하는 것을 허락하지 않았다(행 10:25-26). 베드로는 결코 교황
들처럼 휘황찬란한 집에 살지도 않았고 면류관을 쓰고 다니지도 않았
다.

오늘날 교황들은 예수님께서 심판도 하시기 전에 스스로 면류관을
만들어 머리에 쓰고 다닌다. 그러나 베드로는 목자장이 나타나실 때
주님께서 주실 면류관을 바라보고 살았다.

베드로는 자신을 이방인의 사도로 생각하지도 않았다. 그리고 로
마에 발을 댄 기록이 전혀 없다. 그럼에도 불구하고 가톨릭 백과사전
에는 베드로가 42년부터 67년까지 로마의 주교로 있었다고 기록하고
있는 것이다. 그들이 얼마나 거짓말을 많이 지어내고 있는지는 이제
더 논의할 필요도 없다. 베드로는 45년 예루살렘 총회 때에 예루살렘
교회에 있었다(행 15장).

그 후에 바울이 제 3차 전도여행을 마치고 로마로 갈 계획을 세우
고는 고린도에서 로마의 그리스도인들에게 편지를 써서 겐그레아교회
의 여집사 뵈뵈의 손에 들려 보냈다. 그 편지가 유명한 로마서인데 그

편지에 바울이 26명의 성도들에게 문안하는 내용이 나온다. 만약 그때 (58-60년)에 로마에 베드로가 있었다면 바울의 문안에 베드로의 이름이 빠질 리가 없을 것이다.

바울이 로마서를 써서 보내고 예루살렘으로 돌아왔을 때 거기에는 베드로가 없었던 것 같다. 만약에 베드로가 거기 있었다고 하면 사도행전 21장 17절 이하에 베드로와의 대화나 베드로의 이름이 거명되었을 것이다. 그러나 그때 바울은 야고보에게 들어가서 보고를 하게 되었다. 그렇다면 베드로는 제 2인자였던지 아니면 그때 예루살렘에 없었다는 것이 증명되는 것이다. 만약 베드로가 그때 거기에 없었다면 그는 아마 바벨론에 있었던 것이 틀림이 없을 것이다. 베드로전서는 그 기록 장소를 바벨론으로 기록하고 있다. 그런데 그 바벨론을 묵시 문학적으로 로마로 해석을 하는 사람들이 흔히 있다. 그러나 그것은 어디까지나 해석이지 역사적 사실로 증명된 것은 아니다.

만약 베드로가 베드로전서와 베드로후서를 바울의 순교 후에 기록했다면 바울이 개척하고 돌아보았던 소아시아의 교회에 보내는 편지에 바울의 순교 이야기를 한 마디도 언급하지 않을 수 없을 것이요, 순교 전이라면 바울이 개척한 교회들에 편지를 보내면서 바울의 감옥 생활 이야기를 언급하지 않을 수 없다. 이러한 관점에서 본다면 베드로 전·후서는 바울과는 상당한 거리에 떨어져 있으면서 쓴 것이 틀림없는 사실로 보인다. 왜냐하면 두 사람의 기록물에서 전혀 서로에 대한 문안도, 소식도, 정보도 없다는 것은 두 사람이 로마에서 만난 일이 없다는 것이요, 서로가 서로의 순교 사실을 적어도 그들이 편지를 쓸 당시에는 모르고 있었다는 것을 알 수 있기 때문이다.

베드로가 베드로전서를 쓸 때는 실루아노와 마가가 베드로와 함께 있었다. 마가는 처음에 바울에게 좋지 않게 보여 두 번째 전도여행 때부터 바울과 헤어지게 되었고 대신 실라가 바울과 동행하게 되었다. 실라는 고린도까지는 확실히 동행한 것으로 보이나 그 후 어디로 갔는지 행방을 알 수 없었는데, 결국은 베드로전서의 기록과 전달자로 등장하게 된 것이다.

그리고 마가도 바나바를 수행하다가 바나바와 헤어진 후 상당 기간 베드로의 수행원으로 동행했던 것으로 보인다(벧전 5:12-14).

성경에는 교황제도가 없다. 추기경, 대주교, 주교, 신부, 수녀, 수도사 등은 성경 어디에서도 찾아볼 수 없는 직제이다.

우리가 확인할 수 있는 역사적인 근거는 로마의 교황은 적어도 초대교회로부터 500년 동안 존재하지도 않았다. 바울이 순교한 67년 이후 로마교회를 지도한 사람은 리너스(Linus, 67-79)였고, 그 뒤는 클레터스(Cletus, 79-91)였다. 그 후에는 클레멘트(Clement, 91-100)였는데 그는 공식적인 서신을 쓸 때 자신의 이름으로가 아니라 로마교회의 이름으로 고린도교회에 편지를 썼다고 기록되어 있다. 초대교회 당시 교회의 직제로는 교회의 대표가 교황이 아니라 감독이었다.

로마교회의 초대 감독은 바울 사도의 뒤를 이은 리너스로 보아야 역사적으로 바른 전통을 잇는 것이다. 교황제도를 채택하고 억지로 베드로를 초대교회의 황제(교황)라고 우기고 있는 로마 가톨릭은 결코 성경적인 기독교가 아니라는 것을 성도들은 알아야 한다. 그들은 우리들이 믿는 진리를 믿고 있는 사람들이 아니다. 그리고 우리들과 점점 가까워지고 있는 것이 아니라 교리적으로는 점점 더 멀어지고 있는 것이다. 우리가 바르게 알아야 할 것은 그들은 우리의 원수도 아니고 우리의 형제도 아니라는 사실이다. 그들은 우리의 선교 대상자들이다. 그들은 불교나 다른 이교도와 같이 우리의 선교 대상자들이라는 것을 분명히 알아야 할 것이다.

　　그들은 마리아 형상과 베드로를 비롯한 성자들의 형상을 숭배하기 위하여 십계명을 고치는 것도 예사로 했다. 그들은 제 2계명을 없애버렸다. 제 2계명은 아무 형상이든지 만들지 말며 절하여 섬기지 말라고 하신 것인데 자기들이 그 계명을 보니까 마음에 거리끼게 되었던 것 같다. 그들은 마지막 열 번째 계명을 둘로 나누어 제 9계명을 "네 이웃의 아내를 탐내지 말라"로 고치고, 제 10계명은 "네 이웃의 소유를 탐내지 말라"로 변경하였다.

590년, 맨 처음 교황 그레고리 1세가 교황이 된 후로 그들은 점점 진리에서 멀어지기 시작하였다.

788년, 십자가 숭배, 초상화 숭배, 성자상 숭배, 유골 숭배를 교리화 하였다. 온 세계 가톨릭교회에 비치된 십자가 나무 조각을 한군데다 모으면 몇 트럭이 될 것이라고 한다.

800년, 마리아에게 기도하는 것을 교리로 제정하였다.

1079년, 신부의 독신제도를 교리로 확정하였다.

1090년, 불교가 쓰는 염주(묵주=로사리오)를 사용하도록 결정하였다.

1091년, 죄를 사면해 주는 부적免罪符을 발행하였다.

1184년, 종교재판소를 설치하여 지금까지 약 600만 명의 개혁교도를 처형했다.

1190년, 면죄부를 판매하기 시작했다.

1215년, 고해성사告解聖事 교리를 제정하였다.

1220년, 성체(떡) 숭배의 교리를 확정했다.

1229년, 성도들이 성경을 읽는 것을 금지하는 법을 제정했다.

1439년, 연옥설煉獄設을 교리로 확정했다.

1546년, 교회의 유전遺傳과 가경假經을 성경과 같은 권위로 인정하는 교리를 확정했다.

1568년, 성모 마리아를 찬송하는 찬송곡을 완성했다.

1854년, 마리아는 원죄 없이 잉태되었다는 교리를 제정, 발표했다.

1870년, 교황무오설敎皇無誤設을 교리로 확정하고 요셉을 교회의 수호
　　　신으로 확정 발표하였다.

1917년, 마리아가 은총의 중재자라는 교리를 발표하였다.

1931년, 마리아는 예수님의 어머니가 아니라 하나님의 어머니라는 교
　　　리를 확정하여 발표하였다. 그 교리는 431년 에베소 회의에서
　　　한 번 거론되었다가 보류된 것이었는데, 1,500년 동안 많은 준
　　　비를 하여 드디어 교리로 확정을 했다.

1950년, 마리아는 부활하여 승천했다는 교리를 발표했다.

1962년, 마리아는 예수 그리스도를 낳은 후 다른 아기를 낳은 일이 없고
　　　요셉과도 영원히 잠자리를 같이 한 적이 없으며, 성경에 나오는
　　　예수님의 동생들과 누이들은 다 사촌이었으며 또 마리아는 종
　　　신토록 처녀였다는 교리를 확정지어 발표했다. 마리아가 하늘
　　　에서 하늘 황후로 대관식을 했다는 교리를 확정 발표하였다.

우리가 그 깊은 비밀들을 파헤치기 어려운 것은 그들의 세계가 철
저하게 폐쇄되어 있기 때문에 일반인들이 이러한 사실들을 알지 못하
기 때문이다.

이러한 사실을 하늘에 계시는 사도 베드로께서 보신다면…

마 태

마 태는 '마타티야' 즉 '여호와의 선물'이라는 뜻을 가진 이름으로 헬라어로 '맏다이오스'라고 불렀다. 그러나 그의 본명은 '레위'였다(막 2:14; 눅 5:27). 그가 회심한 후로 레위라고 불려지지 않고 그냥 마태로 불려지고 있다.

그는 가버나움 태생이며 직업은 세리(마 10:1-4)였다. 그의 아버지는 알패오였다. 성경에는 알패오가 두 사람 나온다. 한 사람은 마태의 아버지이고 다른 한 사람은 야고보의 아버지 알패오이다(마 10:3).

"또 지나가시다가 알패오의 아들 레위가 세관에 앉아 있는 것을 보시고 저에게 이르시되 나를 좇으라 하시니 일어나 좇으니라"(막 2:14).

세관에 앉아 있는 것을 보시고 "나를 좇으라" 하신 말씀을 듣고 두말없이 따라나선 사람이 이 마태였다. 그는 자신의 직업을 분명히 부끄러운 직업으로 알고 있었던 것이 틀림없다. 열두 제자의 이름을 다 기록할 때는 자기 이름 앞에다 그 부끄러운 직업 '세리'라는 글자를 기록하고 있다(마 10:3).

그가 갈릴리 가버나움의 세관에서 근무했다면 베드로와 야고보, 안드레, 요한 등 다른 갈릴리 출신들이 다 알고 있던 인물이었을 것이다.

예수님께서 세리 마태를 제자로 삼으신 것, 마태가 많은 세리와 예수님을 함께 초청하여 식사를 한 사건은 삽시간에 주변에 알려지게 되었던 것 같다. 여리고의 세리장 삭개오도 진작부터 이 소문을 들었던 것으로 알 수 있다.

거기다가 막달라 마리아가 예수님을 따르고 있는 것과 마태가 따르고 있다는 것 때문에 많은 죄인들이 주님을 찾아올 수 있었던 것같이 보인다. 마태와 막달라 마리아는 그러한 의미에서는 상징적인 인물들이었다. 이로 인하여 주님께는 기념비적인 별명이 따라붙게 되었는데, 그 별명이 '세리와 죄인의 친구'라는 것이다.

확정하기는 어렵지만, 마태가 주님의 부르심을 받을 당시는 비교적 젊은 나이였을 것으로 본다. 세리라는 직업이 자신에게는 떳떳하지 못하던 차에 예수님의 부르심을 받고는 떨치고 일어났던 것 같다. 세리로 오래 젖어서 살았던 사람이라면 그렇게 쉽게 따라나서기가 어려웠을 것이다. 또 마태복음을 기록하도록 오래 살았던 것을 감안하면 아주 젊은 나이였을 것으로 볼 수 있을 것이다.

그는 헤롯 안디바(BC 4-AD 39)가 지배하는 다메섹에서 지중해로 뻗은 도로(비아 마리사)를 관할하는 세관의 세리로 일한 것으로 알려지고 있다. 그 도로는 하솔에서 다메섹을 거쳐 갈릴리를 지나서는 므깃도로 해서 그냥 해변을 따라 지중해변을 끼고 가사로 내려가기도 하고, 서남쪽으로 내려가 벳쉬안을 지나 왕의 대로를 통하여 에시온게벨 즉 지금의 아카바항을 통하여 구스와 애굽으로 가는 길이라 매우 교통량이 빈번한 길목을 지키는 세관이었던 것 같다. 그는 헤롯 정권 수하에서 일함으로써 동족 유대인에게 배반자로 낙인찍힌 인물이었을 것이다. 그런데 예수님께서 그러한 마태를 불러서 제자로 삼으신 것이다.

　그는 소명을 받은 후 자신의 집으로 세리 당시 동료였던 자들과 많은 이들을 초대하였다(마 9:10; 막 2:15; 눅 5:28). 그리고는 자신의 신앙적 결단과 예수님을 따르기로 한 자기의 입장을 분명히 했던 것으로 볼 수 있다.

　마태는 예수님을 따르는 3년 동안 한마디의 말도 한 것이 기록되어 있지 않다. 그는 겸손히 주님의 말씀을 듣기만 했던 사람이었다. 그리고는 가만히 그 말씀을 기록했었는지도 모른다. 사실 열두 제자 중에서 글줄이나 기록할 줄 아는 제자는 이 마태밖에 없었을 것이다. 적어도 세관에 앉아서 근무하려면 헬라어와 히브리어, 아람어, 더 나아가 로마어를 구사할 수 있어야 한다.

　마태는 다른 제자들에 비하여 비교적 늦게 순교한 것으로 볼 수 있다. 그가 마태복음을 쓴 것은 일러도 65년 이후로 보아야 할 것이다. 그는 예루살렘의 핍박이 심해질 때 아마도 갈릴리 주변이나 안디옥으로 갔을 것으로 볼 수 있을 것 같다. 그리고는 자기 동족 즉 유대인들을 위하여 복음서를 썼다. 마태는 마가의 자료를 거의 수정 없이 수용하고 있는 것을 볼 수 있다. 마가의 복음서를 접할 수 있기 위해서는 상당한 세월이 지나도록 마태가 살아 있었어야 하기 때문에 마태복음을 기록한 마태가 비교적 늦게까지 생존했으리라는 짐작을 하게 된다. 뿐만 아니라 사도들이 한 분 한 분 순교하여 세상을 떠나는 것을 보면서 기록의 필요를 느끼고 기록하기 시작한 것을 감안할 때 확실히 마태는 늦게까지 살아있었을 가능성이 있다.

　그리고 주님의 재림이 지연되는 것을 납득시키려 한 흔적을 볼 수 있는데, 이러한 사실도 마태복음의 기록된 연대와 마태의 생존 기간이 상당히 후대였다는 것을 가능케 하는 것이다.

　마태는 유대인들에게 이 복음서를 써서 보내었다. 아브라함과 다윗의 자손으로 오신 예수 그리스도를 소개하고 그가 다윗의 왕위를 계승하는 왕가의 계보에서 탄생하셨다는 사실과 여인의 후손으로 오신 것과 베들레헴에서 나신 것을 증거하여 유대인들이 구약성경에서 예언되어 기다리던 그 메시아이심을 증거하려고 노력하고 있는 흔적을 엿볼 수 있다.

마태는 예수님의 근원과 탄생, 말씀과 생애, 십자가의 희생과 부활이 바로 이스라엘 백성이 천년을 하루같이 기다려오던 그 메시아라는 사실을 증거하려고 한 것이다. 그는 구약 전체를 상당히 깊이 이해하고 이 복음서를 쓴 것 같다. 오경의 예언들과 시편의 예언들, 그리고 이사야와 예레미야, 미가, 스가랴의 예언을 거의 망라하여 그 성취로서의 예수 그리스도를 증거하고 있는 것이다.

그가 기록한 마태복음은 창세 이래로 가장 많이 출판된 책이라고 할 수 있을 것이다.

그가 세리로 재직할 때는 내적으로 깊은 영적 고민과 번뇌를 가졌던 청년이었지만 예수님의 부르심에 즉각 응답할 정도로 적극적이며 결단력이 있는 사람이었다. 그리고는 주변을 철저히 정리하고 친구들을 아예 집으로 초청하고 거기에 예수님을 초빙하여 자신의 입장을 밝히고 더 나아가 다른 동료 세리들에게도 예수님을 소개하는 열심을 보이고 있다.

그가 회개하기 전에는 양심의 가책을 받으면서 살아왔으나 예수님을 따라나선 후 양심의 자유를 맛본 뒤로는 매우 양심적인 인물이 되었다. 겸손하고 과묵하여 평소에 말없이 봉사하였지만 갈수록 동족에 대한 사랑이 뜨거워져 마침내 구약성경과 역사를 공부하고 이 복음서를 쓰게 된 것이다.

마태는 당시의 고등교육을 받았던 사람으로 볼 수 있다. 그 지식과

학문적 재능을 떳떳하지 못한 일에 바쳐서 봉사하다가 예수님을 만남으로 영원한 가치가 있는 일에 쓰임을 받게 된 것이다. 하나님께서 주신 달란트의 크고 작은 것이나 많고 적은 것이 문제가 아니라 참으로 "그 달란트를 무엇을 위하여 얼마나 열심히 사용하느냐" 하는 것이 가장 중요한 문제라 할 것이다.

역사가 지속되는 동안에는 마태의 복음서가 언제나 신약성경의 맨 첫째 자리를 계속 유지하게 될 것이다. 그리고 진리를 사랑하는 많은 사람들이 그의 복음서를 맨 먼저 접하게 될 것이다.

마태복음의 산상보훈은 그 부분만으로도 불후의 도덕, 최고의 윤리를 가지고 있는 것이다. 가장 괴악한 죄인으로 지목되던 세리의 손으로 최고의 윤리가 기록되었다고 하는 데서 우리는 변화시키시는 주님의 신비를 느끼게 된다. 그리고 가장 파렴치한으로 보이던 세리를 변화시켜서 가장 존귀한 사도로 삼으신 주님의 은혜를 인하여 손으로 입을 가리게 된다.

니고데모

니고데모는 '백성의 정복자'라는 뜻이다. 바리새인이자 유대인의 관원으로 산헤드린 공회원(요 7:50)이었다. 이스라엘의 지도자이자 교사였으며 부자였다고 전해진다(요 3:1-10; 19:39).

국회의원이라면 국내외에서 일어나는 크고 작은 일에 관심을 가져야 할 것이다. 니고데모는 당시 전국적으로 난 예수님의 소문을 들었다. 그리고는 기회를 기다리고 있었는데, 낮 시간에는 예수님께서도 많은 사람들과 만나고 계시기 때문에 기회를 얻을 수가 없었을 것이다. 그래서 니고데모는 신중하게 밤에 찾아왔던 것이다. 이렇게 신중한 그의 행동은 그의 신분상 주변 사람의 동정에 무척이나 신경을 쓴 결과이지만, 반면 여기서 그의 분별력 있는 성품과 열성적인 종교 탐구의 의욕을 엿볼 수 있다.

니고데모는 이런저런 이유로 해서 낮에 오지 못하고 밤에 주님을 찾아온 것이다. 어떤 학자들은 사람들의 이목이 두려워서 밤에 찾아왔다고 보기도 한다.

바리새인 중에 니고데모라 하는 사람이 있으니 유대인의 관원이었다. 그가 밤에 예수께 와서 "랍비여 우리가 당신은 하나님께로서 오신 선생인 줄 아나이다 하나님이 함께 하시지 아니하시면 당신의 행하시는 이 표적을 아무라도 할 수 없음이니이다"라고 말했다.

예수께서 대답하여 말씀하시기를 "진실로 진실로 네게 이르노니 사람이 거듭나지 아니하면 하나님 나라를 볼 수 없느니라"하고 말씀하셨다.

이에 니고데모가 "사람이 늙으면 어떻게 날 수 있삽나이까? 두 번째 모태에 들어갔다가 날 수 있삽나이까?"하고 의아한 듯이 반문했다.

예수께서 대답하시기를 "진실로 진실로 네게 이르노니 사람이 물과 성령으로 나지 아니하면 하나님 나라에 들어갈 수 없느니라 육으로 난 것은 육이요 성령으로 난 것은 영이니 내가 네게 거듭나야 하겠다 하는 말을 기이히 여기지 말라 바람이 임의로 불매 네가 그 소리를 들어도 어디서 오며 어디로 가는지 알지 못하나니 성령으로 난 사람은 다 이러하니라"하고 말씀하셨다.

그러나 니고데모는 알아들을 수가 없었다. 니고데모가 대답하기를 "어찌 이러한 일이 있을 수 있나이까?"하고 반문했다.

이에 예수께서 이렇게 대답하셨다.

"예수께서 가라사대 너는 이스라엘의 선생으로서 이러한 일을 알지 못하느냐 진실로 진실로 네게 이르노니 우리 아는 것을 말하고 본 것을 증거하노라 그러나 너희가 우리 증거를 받지 아니하는도다 내가 땅의 일을 말하여도 너희가 믿지 아니하거든 하물며 하늘 일을 말하면 어떻게 믿겠느냐 하늘에서 내려온 자 곧 인자 외에는 하늘에 올라간 자가 없느니라 모세가 광야에서 뱀을 든 것같이 인자도 들려야 하리니 이는 저를 믿는 자마다 영생을 얻게 하려 하심이니라 하나님이 세상을 이처럼 사랑하사 독생자를 주셨으니 이는 저를 믿는 자마다 멸망치 않고 영생을 얻게 하려 하심이니라

하나님이 그 아들을 세상에 보내신 것은 세상을 심판하려 하심이 아니

요 저로 말미암아 세상이 구원을 받게 하려 하심이라 저를 믿는 자는 심판을 받지 아니하는 것이요 믿지 아니하는 자는 하나님의 독생자의 이름을 믿지 아니하므로 벌써 심판을 받은 것이니라 그 정죄는 이것이니 곧 빛이 세상에 왔으되 사람들이 자기 행위가 악하므로 빛보다 어두움을 더 사랑한 것이니라 악을 행하는 자마다 빛을 미워하여 빛으로 오지 아니하나니 이는 그 행위가 드러날까 함이요 진리를 좇는 자는 빛으로 오나니 이는 그 행위가 하나님 안에서 행한 것임을 나타내려 함이라 하시니라"(요 3:10-21).

예수님께 무엇을 여쭈어보기 위하여 찾아왔던 사람들은 대개 무엇을 몰라서 온 사람보다는 예수님을 시험해보기 위하여 왔다. 그러나 니고데모는 그렇지 않은 것 같다. 니고데모가 예수님의 말씀을 다 이해할 수는 없었지만 그는 신분이나 나이나 어디를 보아도 당시 사람들의 상식으로는 예수님보다 지체가 높은 사람이었다. 그런데도 예수님의 말씀에 반박하거나 하지 않고 모르는 것을 솔직하게 모른다고 하면서 질문을 계속하였던 것이다. 사실 그런 자세는 아무나 가지기 어려운 것이다.

그날 밤 니고데모는 예수님을 방문하여 몇 가지를 질문했지만 사실 니고데모 자신에게는 직접적인 도움도 되지 않았을 것 같다. 그러나 그날 밤 주님께서는 실로 놀라운 말씀을 하셨다. 요한복음 3장 16절은 인간의 입으로 가장 많이 음미되고 암송되는 복음 중의 복음이라고 할 수 있는 내용이 되었기 때문이다. 그리고 거듭남의 교리를 비로소 말씀하신 것도 바로 니고데모로 인한 것이었으니, 그날 니고데모의 방문은 실로 가치가 있는 방문이었다고 볼 수 있다. 우리가 평소에 듣는 성경의 말씀들이 당시에는 알아듣지도 못하고 소화도 안 될 수가 있다. 그러나 시간이 흐르면서 우리의 신앙적인 체험이 넓혀지게 될 때 언젠가는 이해가 되고 그 깊은 뜻을 깨닫게 되는 경우가 많이 있는 것이다.

니고데모와 대화를 마치신 후에 주님은 얼마 되지 않아서 다시 유대를 떠나 갈릴리로 가시게 되었는데 이번에는 사마리아의 수가성을 거쳐서 올라가셨다(요 4:3).

그리고 얼마 후에 다시 예수님께서는 유대인의 명절을 지키시려고 예루살렘으로 올라가셔서 이번에는 베데스다 연못가에서 38년 된 환자를 고쳐주셨다. 그리고는 다시 갈릴리로 올라가셔서 오병이어의 표적과 함께 생명의 양식에 관하여 교훈을 하셨다.

예수님께서 다시 예루살렘에 올라가신 것은 그 후 어느 초막절이었다. 이때는 예수님께서 아예 성전에서 당당하게 설교를 하시고 계셨다. 이에 바리새인들과 당국자들이 하속들을 보내어 잡아오라고 했는데 잡으러 갔던 사람들이 다 감화와 감동을 받고는 그냥 돌아오는 사태가 벌어지게 되었다.

예수님께서는 당시에 예루살렘에서 매우 활발하게 활동하신 것을 볼 수 있다. 요한복음에 의하면 7장에서부터 11장 53절까지가 다 그해 초막절에 예루살렘에 올라가 사역하신 것을 기록하고 있는 것이다.

니고데모가 예수님을 만난 것은 대략 1년 전쯤으로 볼 수 있을 것이다. 그 후로 니고데모는 소극적이기는 하지만 예수님 편으로 기울어지고 있었다는 것을 볼 수 있다. 초막절 절기 중 당국자들이 예수님의 체포를 놓고 논의가 있었을 때에 비록 주저하는 의견을 표시했지만 예수를 변호하고 있는 모습을 볼 수 있다(AD 29년, 요 7:50-52).

"그 중에 한 사람 곧 전에 예수께 왔던 니고데모가 저희에게 말하되 우리 율법은 사람의 말을 듣고 그 행한 것을 알기 전에 판결하느냐 저희가 대답하여 가로되 너도 갈릴리에서 왔느냐 상고하여 보라 갈릴리에서는 선지자가 나지 못하느니라 하였더라"(요 7:50-52).

그러나 역시 예루살렘은 위험하였다. 그래서 주님께서는 그 길로 빈들이 가까운 에브라임 땅에서 상당 기간을 지내신 것 같다(요 11:54).

니고데모가 예수님을 믿되 소극적으로 믿은 것은 사실이다. 그러나 그는 확실히 신중한 사람이었으며 신의가 두터운 사람이었다. 그는 다수를 따라 악을 행치 않는 사람이었다. 사람들은 대개 똑같지 않은 저울을 가지고 있어서 자신의 우유부단은 신중이라고 달고 타인의 신중은 우유부단이라고 달아낸다. 솔직한 심정으로 말하자면 니고데모는 소극적인 사람이 아니라 실제로 신중한 사람이었다. 현대인들은 성미가 급하여 전격적인 변화를 추구한다. 그러나 그러한 변화는 많은 부작용과 충격이 따르기 마련이다. 아무 것이나 함부로 받아들이는 자세가 오히려 위험천만이다.

한 달을 신고 버리는 양말 한 켤레를 사는데도 가려서 사는 법인데 자신의 영원한 운명을 규정지을 종교를 선택하는 일에는 아무리 신중하여도 전혀 문제가 되지 않는다. 오히려 아무 것이나 함부로 덤비는 사람들과 하루 아침에 무슨 성자가 되려고 하거나 하루 저녁에 소나무를 뽑고 능력의 종이 되어보겠다는 사람들이 더 큰 문제이다. 이런 사람들은 정말로 신중을 배워야 할 것이다. 종교적인 사람들이 영적인 문제를 하루 아침에 끝장을 내려고 하는 발상은 상상만 해도 현기증이 나는 일이다.

니고데모는 전격적인 변화가 아니라 점진적인 변화의 길을 걷는 견실한 학자요, 성실한 성도였다. 정말 국가의 대사를 맡길 수 있는 몇 안 되는 의회의 관원이었다고 볼 수 있다. 그는 아리마대 요셉과 더불어 당시에 예수님을 믿은 사람들 중에 가장 고위층 인사였다.

"아리마대 사람 요셉이 예수의 제자나 유대인을 두려워하여 은휘하더니 이 일 후에 빌라도더러 예수의 시체를 가져가기를 구하매 빌라도가 허락하는지라 이에 가서 예수의 시체를 가져가니라 일찍 예수께 밤에 나아왔던 니고데모도 몰약과 침향 섞은 것을 백 근쯤 가지고 온지라 이에 예수의 시체를 가져다가 유대인의 장례법대로 그 향품과 함께 세마포로 쌌더라 예수의 십자가에 못박히신 곳에 동산이 있고 동산 안에 아직 사람을 장사한 일이 없는 새 무덤이 있는지라 이 날은 유대인의 예비일이요 또 무덤이 가까운 고로 예수를 거기 두니라"(요 19:38-42).

하나님의 사람들이 옳지 못한 직업을 가지고 있다면 때로는 그 직업을 포기해야 할 때도 있다. 그러나 모든 사람이 예수님을 믿자마자 직업을 내어 던지고 다 목사나 전도사나 선교사가 되어야 하는 것은 아니다. 니고데모나 아리마대 요셉처럼 자신의 정치적인 신분을 지키면서 그 자리에서 소금이 되어야 한다. 정치, 경제, 문화, 교육, 예술, 정보, 과학 등 각계 각층 각처에 하나님의 사람들이 있어야 한다. 사람이 사는 곳이면 어디든지 하나님의 사람들은 일부러 찾아가서라도 그들과 함께 하면서 그들을 바르게 변화시킬 사명이 있는 것이다. 듣든지 아니 듣든지 그들 사이에도 하나님의 사람이 있어야 한다.

빌 립

빌 립은 헬라식 이름으로 알렉산더 왕의 아버지 '필립포스'의 이름
에서 따온 것인데, 그 이름은 '말馬을 사랑하는 자'라는 뜻이다.
이스라엘 사람들은 비교적 보수적인 편인데도 이렇게 헬라식의 이름
을 가진 사람들이 많았던 것을 보면 문화의 힘이 어떠한 것인지 짐작
할 수 있다.

성경에는 빌립이라는 이름을 가진 사람들이 몇 있다. 사도 빌립 외
에 집사 빌립이 있고 헤롯 대왕이 하스몬 왕가의 대제사장 시몬의 딸
마리암네를 맞이하여 낳은 아들이 빌립이었다. 구별하기 위하여 헤롯
빌립이라고 한다.

그의 이름이 헬라식이어서인지 헬라인 몇이 예수님을 만나기 위하
여 먼저 빌립에게로 찾아갔던 것을 볼 수 있다. 그리고 빌립은 다시
안드레에게 말하여 헬라인들과 예수님이 만날 수 있도록 주선하는 것
을 볼 수 있다(요 12:20-22).

사도 빌립은 안드레, 베드로와 함께 갈릴리 벳새다 출신이었고 같
이 물고기를 잡았던 것 같다(요 1:44). 그는 예수님의 열두 제자 중에서
일찍 부르심을 받은 사람이었다(마 10:2; 눅 6:14). 대체로 빌립은 안드
레와 마음이 잘 맞는 편이었다. 빌립의 이름이 나올 때는 그 앞이나

뒤에 꼭 안드레의 이름이 기록되어 있다. 그리고 그는 나다나엘을 주님께로 인도하였는데 그래서 그런지 빌립의 이름과 나다나엘(바돌로매=프톨레미)의 이름이 연이어 나오는 경우가 많다.

빌립은 매우 현실적이면서 사리에 밝고 계산이 빠르며 정확한 그런 사람이었다. 무슨 일을 하려고 하면 그 비용을 계산하는 데 빠른 사람이었던 것 같다.

“예수께서 눈을 들어 큰 무리가 자기에게로 오는 것을 보시고 빌립에게 이르시되 우리가 어디서 떡을 사서 이 사람들로 먹게 하겠느냐 하시니 이렇게 말씀하심은 친히 어떻게 하실 것을 아시고 빌립을 시험코자 하심이라 빌립이 대답하되 각 사람으로 조금씩 받게 할지라도 이백 데나리온의 떡이 부족하리이다”(요 6:5-7).

예수님께서도 때로는 유머 감각이 있으셨던 것 같다. 그리고 빌립의 그 빠른 계산을 재미있게 여기신 것 같다. 한 번은 수천 명의 무리가 주님께로 몰려왔다. 남자만 5,000명이었다고 하니 여자와 어린아이까지 합하면 숫자는 훨씬 더 많았을 것이다. 예수님께서 빌립을 재미있게 생각하시고 빌립에게 말씀하시기를 “우리가 어디서 떡을 사서 이 사람들로 먹게 하겠느냐?” 하셨다. 빌립은 예수님의 말씀이 떨어지기가 무섭게 벌써 계산과 답이 나왔다.

“각 사람으로 조금씩 받게 할지라도 이백 데나리온의 떡이 부족하리이다.” 마치 컴퓨터처럼 계산한 대답이 나왔던 것이다. 그러나 문제는 빌립의 사고방식에 있다. 그는 말하기를 각 사람에게 ‘조금씩’이라고 시작하고 있는 것이다. 그리고는 200데나리온을 설정한 다음, 결론은 ‘부족할 것’으로 끝이 나고 있다. 빌립은 어쩌면 가난한 가정환경에서 자라난 것같이 보인다. 만약 빌립이 풍성한 가정에서 자라났다고 하면 그의 대답은 다르게 나왔을 것이다.

"주님! 배부르게 먹이려 하시면 오백 데나리온이 있으면 풍족하겠나이다." 이러한 대답이 나왔을 텐데 항상 부족하게 살던 사람은 항상 부족하게 생각하고 부족하게 말하고 결국은 부족하게 만들어버리는 것이다.

오늘날도 이렇게 빌립처럼 생각하는 사람이 많은 것을 보게 된다. 그런 사람들은 이렇게 해서 모자라고 저렇게 하면 또 모자라고 모자라는 것으로 결론을 맺는다. 이래서 안 되고 저래서 안 되고 어떻게 해서 안 되고, 결국은 또 안 되는 것으로 결론이 난다. 이러한 사람들은 대개 어려서부터 가난하게 자라서 그런 경우가 많다.

그날 예수님께서는 빌립의 생각이나 계산처럼 조금씩 주신 것이 아니라 배불리 먹여 주셨다. 빌립은 돈 걱정부터 했는데 돈은 한 푼도 들지 않았다. 그리고 부족한 것이 아니라 열두 광주리나 남은 것을 거두게 되었다.

그 다음부터는 빌립이 계산하는 것을 볼 수가 없다. 빌립에게는 그 사건이 큰 충격이었던 것 같다. 하나님의 말씀대로 순종하면 '무엇을 먹을까, 무엇을 마실까, 무엇을 입을까' 하는 걱정을 하지 않아도 된다는 확신을 가졌을 것이다. 이스라엘 백성들은 오래 전에 광야에서 그러한 훈련을 이미 받았던 사람들이었다. 농사를 짓고 목축을 해야만 먹고 입는 것이 아니라 하나님의 입으로 나오는 모든 말씀으로 먹고 마시고 입을 수 있다는 것을 체험했던 것이다. 사람이 떡으로만 사는 것이 아니라 하나님의 말씀대로만 하면 하늘에서 내리시는 양식을 먹여주실 수 있음을 말씀하신 것이다.

우리는 빌립의 가정 환경에 대하여 아는 바가 없다. 그의 아버지의 이름도 성경에 나오지 않는다. 어떤 학자들은 주님께 "주여, 나로 먼저 가서 내 부친을 장사하게 허락하옵소서” 하고 말했던 사람이 빌립일 것이라고 한다. 이 말은 부친이 지금 막 별세하신 것이 아니라 부친이 돌아가시고 난 후에 주님을 따르겠다는 표현을 한 것이다. 만약 그 사람이 빌립이라면 빌립의 성격은 좀 더 분명해진다. 하여간 빌립은 정말 어렵게 자라온 것 같다.

“사람이 떡으로만 사는 것이 아니요 하나님의 입으로 나오는 모든 말씀으로 사는 줄을 너로 알게 하려 하심이라”(신 8:3)는 말씀을 많은 사람들이 육신의 양식만으로는 못 살고 말씀, 곧 영적인 양식을 먹어야 영생한다는 말씀으로 해석을 곧잘 한다. 그러나 본래 그 말씀은 실제로 육신의 양식을 두고 하신 말씀이다. 꼭 무슨 농사를 지어 얻은 밀로 만든 떡이 있어야만 사는 것이 아니라 하나님의 말씀대로만 하면 만나를 내려서라도 먹여 살리실 수 있다는 말씀이었다. 그리고 그것은 실제로 체험해 보았던 역사적 사실이었다.

우리는 빌립을 만나기 위하여 최후의 만찬 석으로 가볼 필요가 있다. 그날 밤에 예수께 아버지를 보여달라 청했던 사람이 바로 이 빌립이었다. 그날 밤에 도마는 주님께서 어디로 가시는지 모르겠다고 했고 빌립은 하나님 아버지를 보았으면 좋겠다고 했던 것이다(요 14:8-9).

“너희는 마음에 근심하지 말라 하나님을 믿으니 또 나를 믿으라 내 아버지 집에 거할 곳이 많도다 그렇지 않으면 너희에게 일렀으리라 내가 너희를 위하여 처소를 예비하러 가노니 가서 너희를 위하여 처소를 예비하면 내가 다시 와서 너희를 내게로 영접하여 나 있는 곳에 너희도 있게 하리라 내가 가는 곳에 그 길을 너희가 알리라 도마가 가로되 주여 어디로 가시는지 우리가 알지 못하거늘 그 길을 어찌 알겠삽나이까 예수께서 가라사대 내가 곧 길이요 진리요 생명이니 나로 말미암지 않고는 아버지께로 올 자가

없느니라 너희가 나를 알았더면 내 아버지도 알았으리로다 이제부터는 너희가 그를 알았고 또 보았느니라

빌립이 가로되 주여 아버지를 우리에게 보여주옵소서 그리하면 족하겠나이다

예수께서 가라사대 빌립아 내가 이렇게 오래 너희와 함께 있으되 네가 나를 알지 못하느냐 나를 본 자는 아버지를 보았거늘 어찌하여 아버지를 보이라 하느냐 나는 아버지 안에 있고 아버지는 내 안에 계신 것을 네가 믿지 아니하느냐 내가 너희에게 이르는 말이 스스로 하는 것이 아니라 아버지께서 내 안에 계셔 그의 일을 하시는 것이라 내가 아버지 안에 있고 아버지께서 내 안에 계심을 믿으라 그렇지 못하겠거든 행하는 그 일을 인하여 나를 믿으라

내가 진실로 진실로 너희에게 이르노니 나를 믿는 자는 나의 하는 일을 저도 할 것이요 또한 이보다 큰 것도 하리니 이는 내가 아버지께로 감이니라 너희가 내 이름으로 무엇을 구하든지 내가 시행하리니 이는 아버지로 하여금 아들을 인하여 영광을 얻으시게 하려 함이라 내 이름으로 무엇이든지 내게 구하면 내가 시행하리라 너희가 나를 사랑하면 나의 계명을 지키리라 내가 아버지께 구하겠으니 그가 또 다른 보혜사를 너희에게 주사 영원토록 너희와 함께 있게 하시리니 저는 진리의 영이라 세상은 능히 저를 받지 못하나니 이는 저를 보지도 못하고 알지도 못함이라 그러나 너희는 저를 아나니 저는 너희와 함께 거하심이요 또 너희 속에 계시겠음이라"(요 14:1-7).

사실 예수님의 말씀은 좀 어려웠다. 일반적으로 베드로는 직선적으로 말을 쉽게 하기 때문에 실수를 하기도 한다. 어떤 제자들은 모를 때는 잠자코 있었다. 그러나 두 사람, 즉 도마와 빌립은 좀 달랐다. 그들은 모르면서 아는 척하고 있지 못하는 성격이었다. 모르는 것은 모른다고 말하고 안 보이는 것은 안 보인다고 말하는 사람들이었다. 도마나 빌립은 구체적이고 현실적이고 분명한 것을 좋아하는 성격을 가

지고 있었다.

예수님께서는 빌립의 이러한 자세를 책망하시지는 않으셨으나 빌립은 예수님의 입장을 난처하게 하였던 것 같다. 영이신 하나님을 보지 못하여 믿지 못하니까 예수님께서 빌립이 볼 수 있는 육체로 오셔서 3년간이나 하나님의 모습을 보여주셨건만 또 다른 하나님을 보겠다니 참으로 딱한 노릇이었다.

그러나 빌립이 한 질문 때문에 많은 사람이 그 어리석은 질문을 또 다시 하지 않아도 되게 된 것이다.

어느 시대나 빌립과 같은 사람들은 있기 마련이다. 그런 사람들은 빌립을 찾아가서 만나보는 것이 큰 도움이 될 것이다.

오순절에는 빌립도 성령에 충만하여졌다. 그리고는 그의 이름대로 헬라화된 사람들을 찾아서 소아시아의 내륙 깊은 곳에까지 나아가 브루기아 지방의 히에라볼리에서 복음을 전하다가 돌에 맞아 순교했다.

필자는 사도 빌립이 전도하다가 순교한 히에라볼리(히에라폴리스=지금의 파묵칼레)를 답사하게 되었다. 그곳은 세계적으로 유명한 온천수가 있어서 로마의 황제가 온천욕을 하기 위하여 찾아왔던 곳이라는 것을 알게 되었다. 이름은 거룩한 도시(히에라폴리스)였으나 내면으로는 음란하고 부패한 도시였을 것이다. 빌립은 회개하라고 전파했을 것이다. 그렇게 전파하다가 결국 돌에 맞아 순교했을 것이다.

히에라볼리 언덕 위에는 빌립 사도의 순교를 기념하는 교회가 팔각형으로 지어졌다가 무너져 있었는데, 교회뿐만 아니라 한때 웅장하고 영광스럽던 히에라볼리의 건물들이 몇 차례의 지진에 의하여 산산이 부서져 돌무더기만 남아 있었다.

빌립 사도, 비록 더디 믿는 사람이었지만 확신을 가진 후 성령에 이끌리어 순교하기까지 열심을 다하여 복음을 전하였던 하나님의 사람이었다.

도　마

'도마'라는 이름은 아람어 '테오마'를 헬라식으로 음역音譯한 것이다. 이 말은 '쌍둥이 중의 한 사람'이라는 의미를 가지고 있다. 요한은 이를 정확하게 헬라어로 번역을 해서 '뒤두모'(=쌍둥이)라고 기록하고 있다. 우리는 도마의 쌍둥이 중 하나는 어떻게 되었는지 잘 알지 못하고 있다.

그리고 도마의 실제 이름은 유다였다고 한다. 초기 전승에 의하면 도마는 목수였다고 한다. 도마가 만약 목수였다면 예수님과 서로 아는 사이였을 것이다. 그리고 외경이기는 하지만 예수님의 어린 시절에 있었던 일들을 기록한 문서가 도마에 의한 문서로 전해오고 있다. 거기에는 예수님께서 다섯 살 되었을 때부터 열두 살 되었을 때 있었던 일들을 기록하고 있다. 누가복음에 보면 예수님의 열두 살 당시 부모님과 함께 예루살렘에 올라가셨던 사건을 기록하고 있는데 그 자료는 도마의 기록이라고 하는 문서에 있는 그대로를 누가가 거의 변형 없이 발췌한 것으로 보인다.

도마는 열두 제자 중에서 특이한 성품을 가진 사람으로 보인다. 도마는 철두철미하게 짚고 넘어가는 그런 사람이었다. 목수들은 대개가 그러한 성품을 가지게 되는 것 같다. 목수의 세계에는 빈틈이 있어서는 안 된다. 길이와 넓이와 두께와 치수가 맞아 떨어져야 되는 것이다. 목수들은 자기 눈도 잘 믿지 않는 습성이 있다. 자尺를 대어보고야 믿는 것이다. 사실 필자도 주님을 알기 전에 목수였다. 목수들은 말로 듣고는 일할 수가 없는 사람들이다. 언제나 자기가 직접 가서 자尺로 재어 일에 착수하는 것이 목수들이다.

도마는 확실히 목수였던 것같이 보인다. 도마가 예수님을 잘 알았더라면 그의 성품과 그의 한 말들과 그의 신앙과 인품, 그의 자세를 이해하는 데 다소 도움이 될 듯하다. 그는 예수님의 능력을 알고 있었던 것 같다. 그리고 확실하다 싶으면 그 일에 목숨을 거는 사람이었다.

도마가 가끔 한 마디씩 한 말들이 성경에 나타나는데 그때는 베다니의 나사로가 죽었다는 전갈이 왔을 때였다. 그때 예수님께서는 제자들과 함께 요단강 동편 땅 어딘가에 머물러 계셨다. 그곳은 전에 세례 요한이 많은 유대인들에게 세례를 주던 곳이었다. 거기서 사람들을 가르치는데, 많은 사람이 예수님을 믿게 되었다(요 10:39-42).

예수님께서 말씀하시기를 "우리 친구 나사로가 잠들었느니라" 하셨다.

"어떤 병든 자가 있으니 이는 마리아와 그 형제 마르다의 촌 베다니에 사는 나사로라 이 마리아는 향유를 주께 붓고 머리털로 주의 발을 씻기던 자요 병든 나사로는 그의 오라비러라 이에 그 누이들이 예수께 사람을 보내어 가로되 주여 보시옵소서 사랑하시는 자가 병들었나이다 하니 예수께서 들으시고 가라사대 이 병은 죽을 병이 아니라 하나님의 영광을 위함이요 하나님의 아들로 이를 인하여 영광을 얻게 하려 함이라 하시더라

예수께서 본래 마르다와 그 동생 나사로를 사랑하시더니 나사로가 병들었다 함을 들으시고 그 계시던 곳에 이틀을 더 유하시고 그 후에 제자들에게 이르시되 유대로 다시 가자 하시니 제자들이 말하되 랍비여 방금도 유대인들이 돌로 치려 하였는데 또 그리로 가시려 하나이까

예수께서 대답하시되 낮이 열두 시가 아니냐 사람이 낮에 다니면 이 세상의 빛을 보므로 실족하지 아니하고 밤에 다니면 빛이 그 사람 안에 없는 고로 실족하느니라

이 말씀을 하신 후에 또 가라사대 우리 친구 나사로가 잠들었도다 그러나 내가 깨우러 가노라 제자들이 가로되 주여 잠들었으면 낫겠나이다 하더라

예수는 그의 죽음을 가리켜 말씀하신 것이나 저희는 잠들어 쉬는 것을 가리켜 말씀하심인 줄 생각하는지라 이에 예수께서 밝히 이르시되 나사로가 죽었느니라 내가 거기 있지 아니한 것을 너희를 위하여 기뻐하노니 이는 너희로 믿게 하려 함이라 그러나 그에게로 가자 하신대 디두모라 하는 도마가 다른 제자들에게 말하되 우리도 주와 함께 죽으러 가자 하니라"(요 11:1-16).

도마는 확신하기만 하면 목숨을 걸 수 있는 사람이었지만, 헤프게 신앙고백을 하지는 않았던 사람이다. 도마는 신중하면서도 용감한 사람이었다. 믿어지지 않는 것을 "믿는다"라고는 말하지 않는 사람이었다. 그는 비판적이고 분석적이며 합리적이며 경험을 중심하고 실증을 통하여 믿음에 이르려 하는 사람이었다. 그는 참 믿음을 갖기를 원한 것으로 이해해야 할 것이다.

도마는 환상을 보아서는 결코 믿지 않은 사람이었다. 그는 환상이 아니라 실상을, 듣는 정도가 아니라 보아야 하고, 보는 것도 환상일 수 있으니까 만져보아야 믿겠다고 한 것이다. 우리는 이런 사람을 보고 믿음 없는 사람이라고 애를 태울 수 있다. 그러나 실제는 그런 사람이 오히려 더 빨리 확신에 도달하게 된다는 것도 사실이다.

열두 제자들 중에 도마는 부활하신 예수님을 가장 늦게 만났다. 다른 사람이 다 주님의 부활하신 모습을 보았다고 하는데 도마는 혼자만 보지 못하고 8일을 지내게 되었다.

"이날 곧 안식 후 첫날 저녁 때에 제자들이 유대인들을 두려워하여 모

인 곳에 문들을 닫았더니 예수께서 오사 가운데 서서 가라사대 너희에게
평강이 있을지어다 이 말씀을 하시고 손과 옆구리를 보이시니 제자들이
주를 보고 기뻐하더라

예수께서 또 가라사대 너희에게 평강이 있을지어다 아버지께서 나를
보내신 것같이 나도 너희를 보내노라 이 말씀을 하시고 저희를 향하사 숨을
내쉬며 가라사대 성령을 받으라 너희가 뉘 죄든지 사하면 사하여질 것이요
뉘 죄든지 그대로 두면 그대로 있으리라 하시니라

열두 제자 중에 하나인 디두모라 하는 도마는 예수 오셨을 때에 함께
있지 아니한지라 다른 제자들이 그에게 이르되 우리가 주를 보았노라 하니
도마가 가로되 내가 그 손의 못자국을 보며 내 손가락을 그 못자국에 넣으
며 내 손을 그 옆구리에 넣어보지 않고는 믿지 아니하겠노라 하니라"(요
20:19-25).

종종 보게 되는 비극이 이런 것이다. 의심 많은 그 사람이 그때 거
기 있어야 하는 것인데, 꼭 그 사람이 거기 없었던 것이다.

"여드레를 지나서 제자들이 다시 집 안에 있을 때에 도마도 함께 있고
문들이 닫혔는데 예수께서 오사 가운데 서서 가라사대 너희에게 평강이
있을지어다 하시고 도마에게 이르시되 네 손가락을 이리 내밀어 내 손을
보고 네 손을 내밀어 내 옆구리에 넣어 보라 그리하고 믿음 없는 자가 되지
말고 믿는 자가 되라

도마가 대답하여 가로되 나의 주시며 나의 하나님이시니이다

예수께서 가라사대 너는 나를 본 고로 믿느냐 보지 못하고 믿는 자들은
복되도다 하시니라"(요 20:19-29).

도마는 철두철미하게 의심해보느라고 더디 믿기는 하지만 예수님
앞에 "나의 주, 나의 하나님"이라는 확신에 도달하기는 가장 먼저 도달
하게 된 것이다.

예수님께서 승천하신 후 약 일주일만에 성령이 강림하셔서 충만하게 되었고 그 길로 도마도 성령으로 충만해졌다. 예루살렘의 선교가 더 이상 진전이 없고 예루살렘 멸망이 가까워졌을 때 사도들은 어느 민족에게로 선교하러 갈 것인가를 두고 제비를 뽑았다고 한다. 그런데 도마에게는 인디아(인도)가 뽑혔다고 한다. 이에 도마는 그 제비에 대하여 승복하지 않았다고 한다.

"나는 히브리 사람이다. 내가 인디아 사람에게 어떻게 갈 수 있으리요?" 하고 인도에 가기를 거절했다고 한다.

그날 밤에 주님께서 도마에게 나타나셔서 "두려워하지 말라 도마야, 인도로 가서 거기서 말씀을 전파하여라. 나의 은혜가 너와 함께 할 것이다"하고 도마를 위로하시고 격려하셨다고 한다. 이에 도마가 대답하기를 "오 주여, 주께서 가라시는 곳이면 어디든지 가겠나이다. 하오나 인도에는 가지 않겠나이다"라고 대답을 했다고 한다.

다음날 예수님께서는 어떤 상인과 함께 도마에게로 오셨는데 그 상인은 인도에서 온 상인이었다고 한다. 당시의 인도 왕은 군타포러스라는 사람이었는데 그 왕이 상인 아바네스에게 궁궐을 건축할 만한 숙련된 목수를 만나거든 데려오라고 부탁하여 그가 팔레스틴에 와 있었다고 한다. 그 상인과 예수님이 한참 이야기하는데 도마가 들었다고 한다.

예수님께서 상인 아바네스에게 물으셨다.

"그대가 인도에 목수를 사가려고 하는 아바네스인가?"

상인이 대답하기를, "숙련공이라면 좋겠다."

예수님께서 말씀하시기를 "나에게 노예가 있는데 이름은 도마라고 하는데 어떤가?"

상인이 가로되 "숙련공이라면 좋겠다."

예수님께서 매도증서를 쓰시는데, "요셉의 아들 나 예수는 이름을 도마라고 하는 나의 노예를 인도의 군타포러스 왕의 상인 아바네스에게 매도하였음을 증명함" 하고 서명하신 후에 그 증서를 아바네스에게 건네주었고 아바네스는 은화를 세어서 예수님께 건네주었다고 한다.

그리고는 도마에게도 두 분이 가까이 와서 아바네스가 도마에게 물었다. "이 분이 너의 주인인가?"

도마가 "그렇다" 하니 아바네스는 말하기를 "내가 지금 너를 네 주인으로부터 샀느니라" 했다.

이 말을 들은 도마는 아무런 말도 하지 않고 서 있었다고 한다. 그리고 조용히 무릎을 꿇고 주님을 향하여 "주님께서 원하시는 곳이면 어디라도 가겠습니다"라고 말했다고 한다. 예수님께서는 방금 아바네스에게 받은 은화를 도마의 손에 쥐어주시고는 눈앞에서 사라지셨다. 그 길로 도마는 인도에 도착하여 왕의 앞에 불려나갔다고 한다.

군타포러스 왕은 도마를 보고 "그대는 무슨 일을 하는가?" 하고 물었다.

도마가 대답하기를 "나무로는 쟁기와 형틀과 저울과 도르래와 배와 배의 키와 노와 마스트를 만들고 돌로는 석주와 궁전을 짓습니다" 하고 대답하였다.

왕이 말하기를 "나를 위하여 궁전을 지을 수 있겠느냐?"

도마가 대답하기를 "맡겨주시면 왕의 궁전을 완성하겠나이다."

왕은 왕궁이 세워질 터를 보여주면서 설계도를 그려오라고 했다. 도마가 주님께 기도하고 설계도를 그려서 왕에게 가지고 가니 왕이 보고 기뻐하면서 "꼭 이대로 건축하기를 바란다" 하고 준비된 자재와 은금을 다 도마에게 맡기면서 더 필요하면 와서 보고하고 가져가라고 했다.

도마는 그것을 가지고 나아가 가난한 사람들을 찾아가서 고루고루 나누어주었다고 한다. 사람들이 처음에는 무슨 일을 하는지 모르고 일꾼들의 품삯을 미리 주는 줄로 알고 지켜보고만 있었다. 그러다가 자재 살 돈까지 몽땅 다 나누어주고 계속 전도만 하고 병자를 고치고 귀신들을 내어쫓는 것을 보고야 이 사람이 건축을 하지 않을 것을 알고 왕에게 보고하였다.

왕은 당장에 도마를 잡아들이라고 했다.

왕은 엄한 말로 말하기를 "나의 궁전은 언제쯤 보러 가면 되느냐?" 하였다.

도마가 대답하기를 "왕이시여, 왕의 궁전은 지금은 아직 볼 수가 없고 세상을 떠나시는 날에 보시게 될 것입니다" 했다.

왕은 노발대발하여 당장에 옥에 집어넣으라고 했다. 이 노예를 사왔던 아바네스까지 함께 감옥에 집어넣으라고 호령하였다고 한다. 그러나 도마의 얼굴에는 기쁨과 평안이 가득하였다고 한다. 왕은 자신이 조롱 당했다고 생각하고 잠을 이루지 못했다. 그는 도마와 상인의 가죽을 벗겨서 태워 죽일 것이라고 벼르고 있었다.

그날 밤에 왕의 동생이 오히려 분통이 터져서 숨을 헐떡이다가 죽게 되었다. 허겁지겁 달려온 왕에게 그 동생은 "나의 형, 나의 왕이여, 왕이 받은 모욕을 인하여 심령에 고통을 받고 지금 죽으려 하고 있습니다. 부디 형님께서는 저 마술사를 죽여 내 영혼이 음부에서라도 안식을 얻게 하옵소서" 하고는 갑자기 죽었다.

왕의 동생 이름은 '갓'이었는데, 죽어서 갑자기 하늘나라의 으리으리한 집들이 있는 곳에 이르자 천사가 "당신은 어떤 집에 살기를 원합니까?" 하고 물었다고 한다.

이에 당황한 갓은 "아이고 천사님, 저는 바로 저 집의 지하실에 방 한 칸이면 족하겠습니다"하고 말했다고 한다. 그랬더니 그 천사가 말하기를 "안 됩니다. 그 집은 군타포러스 왕의 집이기 때문에 그 분의 허락이 있어야 합니다”라고 대답하였다. 갓은 그 집을 살 수 없느냐고 천사에게 질문을 했다. 천사는 “그것은 군타포러스 왕에게 직접 물어보아야 한다”고 말했다.

갓은 말하기를 “그러면 내가 내 형으로부터 저 건물을 살 수 있도록 내 영혼을 돌려보내 주시기를 바랍니다” 하고 말하자 천사가 갓의 영혼을 다시 그의 육체 가운데로 돌려보내 주었다고 한다.

그때는 왕이 막 동생의 시체를 관에 넣을 준비를 하고 있었는데 갑자기 동생이 크게 숨을 몰아쉬면서 살아나게 된 것이다. 이에 왕궁이 발칵 뒤집혔고, 왕은 달려나와 동생을 얼싸안고 기뻐했다.

왕이 동생에게 자초지종을 묻자 동생은 형이 내 소원을 들어주시면 이야기를 하겠다고 했다. 왕은 먼저 이야기를 하라고 했다. 그러자 갓은 천국에서 본 왕의 궁전을 이야기하고 그것을 나에게 팔라고 졸랐다. 군타포러스 왕은 나는 그것을 동생에게 팔 수가 없다고 말하고 감옥으로 가서 도마를 모시고 나오라고 했다. 그를 사왔던 아바네스도 자유를 주라고 했다.

도마가 감옥에서 나와 왕의 앞에 이르자 왕은 도마에게 나를 위하여 기도해달라고 했다. 그리고는 “당신의 하나님께 나를 용서하시도록 기도해주시오”라고 말했다. 한편 왕의 동생 갓도 도마 앞에 엎드려 바르게 살다가 그 나라에 들어갈 수 있도록 합당한 사람이 되게 해달라고 부탁하였다.

그 후로는 왕과 그의 동생 갓이 도마의 곁을 떠나지 않고 날마다 가까이서 도마의 말을 듣고 어떻게 해서든지 가난한 사람들의 형편을 살펴서 어려운 사람들을 돕는 일에 도마와 같이 노력을 하였다. 그리고 도마 사도의 복음을 듣고는 세례 받기를 원했다고 한다. 도마는 그들의 머리에 기름을 바르고 세례를 주고 성찬식을 거행했다고 한다.

루디아

루디아Lydia는 본래 소아시아의 한 나라 이름이었다. 그 나라의 수도는 사데(사르디스)였다. 루디아의 마지막 왕은 부귀와 영화가 극에 달했던 크로이수스 왕이었고, 그는 고레스 왕에게 패하여 마침내 포로가 되었던 사람이다.

루디아의 두 도시, 즉 사르디스와 두아디라는 옛날부터 공업이 발달하여 질이 좋은 상품이 많이 생산되던 곳이었다. 그래서 나라 이름이 바로 루디아, 즉 '생산이 많은 땅'이란 뜻이었다. 특별히 면직물과 견직물, 그리고 염료 공업이 일찍부터 발달하였던 곳이다. 두아디라의 자주색 염료는 당시에 세계적인 것이어서 서민들은 엄두도 낼 수 없을 정도로 값진 상품이었다고 한다. 지금은 두아디라의 도시 이름이 바뀌어 '악히싸르'라고 한다.

필자는 루디아의 고향 옛날 두아디라, 즉 지금의 악히싸르와 루디아의 수도였던 사르디스(사데)를 답사해보았는데, 그 옛날의 영광은 파괴된 돌기둥들과 엄청난 주초들과 그 터전들을 통하여 짐작해 볼 수 있었을 정도였다.

루디아는 두아디라에서 탄생한 여성인데 마게도냐의 빌립보에 가서 장사를 하고 있다가 바울을 만나서 복음을 들었던 것이다. 루디아는 바울을 만나기 전부터 하나님을 공경하면서 살았다고 한다.

"드로아에서 배로 떠나 사모드라게로 직행하여 이튿날 네압볼리로 가고 거기서 빌립보에 이르니 이는 마게도냐 지경 첫 성이요 또 로마의 식민지라 이 성에서 수일을 유하다가 안식일에 우리가 기도처가 있는가 하여 문 밖 강가에 나가 거기 앉아서 모인 여자들에게 말하더니 두아디라 성의 자주장사로서 하나님을 공경하는 루디아라 하는 한 여자가 들었는데 주께서 그 마음을 열어 바울의 말을 청종하게 하신지라 저와 그 집이 다 세례를 받고 우리에게 청하여 가로되 만일 나를 주 믿는 자로 알거든 내 집에 들어와 유하라 하고 강권하여 있게 하니라"(행 16:11-15).

바울이 유럽 땅에 발을 붙인 후 맨 처음 세례를 받은 사람이 바로 이 루디아였음을 알 수 있다. 온 가족이 세례를 받은 것뿐만 아니라 자기의 집을 개방하여 교회가 모일 수 있게 한 일이야말로 참으로 기록될 만한 일이었다.

루디아의 가정은 재정적으로 여유가 있는 가정이었다고 전해지고 있다. 하나님의 일을 하는 데는 이러한 사람들이 필요하다. 자기의 것을 조금도 자기의 것이라 생각지 않고 하나님의 것으로 알고 필요를 따라 공급하는 자세를 가진 사람들이 있어야 하나님의 일은 이루어진다. 사실 그리스도께서 자기 피로 우리를 사셨기 때문에 우리에게 있는 것과 우리의 생명까지 100% 주인의 소유인 것이다. 그러한 모습을 우리가 루디아에게서 볼 수 있다. 그리고 아굴라와 브리스길라에게서 볼 수 있다. 바나바와 바울의 삶이 그러했기 때문에 그러한 제자를 길러낼 수 있었을 것이다.

"내가 너희 영혼을 위하여 크게 기뻐함으로 재물을 허비하고 또 내 자신까지 허비하리니 너희를 더욱 사랑할수록 나는 널 사랑을 받겠느냐"(고후 12:15).

바울은 고린도에 보낼 편지에서 말하기를 다른 사람들의 영혼을 위하여 기뻐함으로 자신의 재물을 허비하고 더 나아가 자기 자신까지 허비한다고 말하고 있다. 바나바 역시 자신의 밭을 팔아서 사도들 앞에 드려서 당시 가난한 사람들을 위하여 다 사용하게 했던 것이다.

"믿는 무리가 한 마음과 한 뜻이 되어 모든 물건을 서로 통용하고 제 재물을 조금이라도 제 것이라 하는 이가 하나도 없더라 사도들이 큰 권능으로 주 예수의 부활을 증거하니 무리가 큰 은혜를 얻어 그 중에 핍절한 사람이 없으니 이는 밭과 집 있는 자는 팔아 그 판 것의 값을 가져다가 사도들의 발 앞에 두매 저희가 각 사람의 필요를 따라 나눠줌이러라 구브로에서 난 레위족인이 있으니 이름은 요셉이라 사도들이 일컬어 바나바(번역하면 권위자)라 하니 그가 밭이 있으매 팔아 값을 가지고 사도들의 발 앞에 두니라"(행 4:32-37).

초대교회는 거의 다 그렇게 시작했다. 먼저 예루살렘에서도 마가 요한의 어머니 마리아가 자기의 집을 개방함으로 교회가 시작된 것이다. 아굴라 부부가 자기들의 가정을 개방하여 교회가 시작되었으며, 루디아가 자기의 가정을 개방함으로 빌립보교회가 시작되었다. 골로새 지방의 빌레몬 또한 자기의 집을 개방하여 교회가 되게 했던 것이다. 브리스길라와 아굴라 부부는 어디를 가든지 자기의 집을 개방하여 교회가 되게 했던 것으로 보인다.

이방인의 땅에서 기도처 하나를 얻기 위하여 나갔던 바울이 루디아를 만나게 된 것과 주께서 그녀의 마음을 열어 바울의 입으로 나오는 복음의 말씀을 듣게 하신 이 모든 일들은 주님께서 미리 예비하신 섭리의 손길 안에 있었던 것이다.

낯선 땅에서 루디아의 헌신과 따뜻한 봉사는 바울 일행에게 크나큰 위로가 되었을 것이다. 따뜻하고 헌신적인 접대뿐만 아니라 마게도

나 복음화의 막을 연 그녀의 회심은 바울 사도 일행이 얻게 된 큰 성과라고 할 수 있을 것이다.

우리는 루디아의 열심에서 배울 바가 많다. 비록 여자의 몸이지만 자국의 특산물을 가지고 외국까지 나가 무역을 하면서 하나님을 경건하게 섬겨 온 그녀의 기도와 신앙이 드로아에서 잠든 바울의 이상 중에 꿈으로 나타나게 했던 것 같다.

"성령이 아시아에서 말씀을 전하지 못하게 하시거늘 브루기아와 갈라디아 땅으로 다녀가 무시아 앞에 이르러 비두니아로 가고자 애쓰되 예수의 영이 허락지 아니하시는지라 무시아를 지나 드로아로 내려갔는데 밤에 환상이 바울에게 보이니 마게도냐 사람 하나가 서서 그에게 청하여 가로되 마게도냐로 건너와서 우리를 도우라 하거늘 바울이 이 환상을 본 후에 우리가 곧 마게도냐로 떠나기를 힘쓰니 이는 하나님이 저 사람들에게 복음을 전하라고 우리를 부르신 줄로 인정함이러라 드로아에서 배로 떠나 사모드라게로 직행하여 이튿날 네압볼리로 가고 거기서 빌립보에 이르니 이는 마게도냐 지경 첫 성이요 또 로마의 식민지라 이 성에서 수일을 유하다가 안식일에 우리가 기도처가 있는가 하여 문 밖 강가에 나가 거기 앉아서 모인 여자들에게 말하더니 두아디라 성의 자주장사로서 하나님을 공경하는 루디아라 하는 한 여자가 들었는데 주께서 그 마음을 열어 바울의 말을 청종하게 하신지라"(행 16:6-14).

성경에 루디아의 남편에 관한 이야기가 없는 것으로 보아 남편이 일찍 세상을 떠나고 홀로 된 후 여러 자녀들을 기르기 위하여 무역을 시작했을 가능성이 있다. 바울이 빌립보에서 얼마간이나 체류했는지는 알 수 없지만 그리 오래 머물지는 않았던 것 같다. 길어야 몇 개월 정도였을 것이지만 바울이 빌립보를 떠날 때 루디아가 일행의 선교여행을 위하여 재정적인 후원을 했던 것으로 보인다. 그리고 데살로니가에 가 있을 때도 계속해서 바울 일행의 쓸 것을 보내주던 사람들이 있었는데 바로 이 루디아가 그 일에 앞장섰을 것은 의심의 여지가 없다.

"빌립보 사람들아 너희도 알거니와 복음의 시초에 내가 마게도냐를 떠날 때에 주고받는 내 일에 참예한 교회가 너희 외에 아무도 없었느니라 데살로니가에 있을 때에도 너희가 한 번 두 번 나의 쓸 것을 보내었도다 내가 선물을 구함이 아니요 오직 너희에게 유익하도록 과실이 번성하기를 구함이라 내게는 모든 것이 있고 또 풍부한지라 에바브로디도 편에 너희의 준 것을 받으므로 내가 풍족하니 이는 받으실 만한 향기로운 제물이요 하나님을 기쁘시게 한 것이라 나의 하나님이 그리스도 예수 안에서 영광 가운데 그 풍성한 대로 너희 모든 쓸 것을 채우시리라 하나님 곧 우리 아버지께 세세 무궁토록 영광을 돌릴지어다 아멘"(빌 4:15-20).

바울이 로마 감옥에 있을 때에도 빌립보교회는 바울을 위로하기 위하여 위연금을 모금하고 본 교회 목회자 에바브로디도를 로마 옥으로 보내었다. 이러한 일은 바울의 선교가 계속되는 동안 끊어지지 않고 계속되었던 것으로 보인다. 바울은 여러 차례 빌립보를 지나게 되었는데, 그때마다 루디아를 비롯하여 빌립보 교회가 따뜻하고 후한 정성으로 영접하였고 합당한 예절로 전송했던 것이다.

필자도 바울이 걸어갔던 길을 따라 네압볼리(네오 폴리스=지금은 까발라 항구)로 가서 암비볼리와 아볼로니아를 거쳐 비아 이그나티아 가도를 따라 빌립보에 가본 적이 있는데, 지금도 빌립보의 큰길가에 자주장사 루디아의 집터가 보존되어 있고 바울이 루디아에게 세례를 베푸는 조각이 그 집 마당가에 세워져 있었다. 거기서 멀지 않은 곳에 루디아 기념교회가 깨끗하게 새로 지어져 있었다. 그리고 그 교회 곁으로는 맑은 시냇물이 흐르고 있었다.

아굴라와 브리스길라

아굴라는 디아스포라 유대인들의 자손으로 본도에서 태어났다(행 18:2). 우리가 아굴라의 부모님에 대해서는 아는 바가 없지만 그는 일찍이 넓은 세상을 여행하면서 견문을 넓힌 사람이었음을 단번에 알 수 있다. 유대인이면서 태어나기는 본도(폰투스=터키의 중북부 흑해 남단)에서 태어나고 로마에 가서 브리스가라는 명문 가정의 딸 브리스길라를 아내로 맞이하였는데, 브리스길라 역시 상당한 식견을 가진 여성이었다.

불행인지 다행인지, 클라우디어스 황제 때 천하가 다 크게 흉년이 들었다. 클라우디어스는 이 흉년을 핑계로 로마에서 모든 유대인들을 추방하라는 영을 내렸다. 이로 인하여 아굴라 부부는 로마를 떠나 고린도로 오게 되었고 바울이 또한 고린도에 막 도착을 했던 것이다. 같은 유대인이라 쉽게 대화를 하게 되었는데 놀랍게도 바울과 같은 기술을 가지고 있어서 쉽게 친해지게 된 것이다. 바울과 아굴라는 장막을 만드는 기술을 가지고 있었다.

우리가 유대인들에게 배워야 할 것이 한두 가지가 아니지만 특별히 이 한 가지는 정말 배워야 할 것이다. 유대인들은 누구나 할 것 없이 한 가지씩 기술을 배워두게 한다는 것이다. 온 세상 어디를 가든지 기술이 있으면 살아가게 되어 있는 것이다. 유대 랍비들의 교훈에 "사내

아이에게 기술을 가르치지 않는 것은 바로 도둑질을 가르치는 것과 다름이 없다"는 말이 있다. 즉 기술이 있다면 정당하게 노력하여 살아가게 되겠지만 기술이 없다면 틀림없이 나중에는 도둑질을 하게 된다는 것이다. 우리가 마음에 새겨두어야 할 교훈이다.

바울과 아굴라 부부는 깊은 대화를 하게 되었고 일년 반 동안 고린도에 머물면서 아굴라 부부는 훌륭한 제자가 되었다. 뿐만 아니라 바울과 함께 협력선교를 하게 된 것이다. 바울이 이들 부부를 만나게 된 것은 하나님의 도우심이었다. 아굴라가 바울을 만나게 된 것은 새로 태어나게 된 것이다. 고린도의 사역이 끝나고 바울이 에베소로 건너갈 때 아굴라 부부도 동행하게 되었다(행 18:18).

그리고 에베소에 도착하자마자 아굴라 부부는 다시 에베소교회의 개척을 위한 터전을 마련하도록 에베소에 남겨졌다. 바울은 가이사랴로 해서 예루살렘, 안디옥을 거쳐서 갈라디아, 가파도기아, 브루기아를 차례로 돌아보게 되었다. 그리고 아굴라 부부가 준비하고 있는 에베소를 향하여 여행을 하고 있었다.

그런데 바울이 그 여행을 하고 있는 중에 에베소에 난데없이 아볼로가 날아들었다. 아볼로 역시 학문이 넓고 성경을 많이 알고는 있었지만 예수님의 구속의 도리를 잘 모르고 회개의 세례만 강조하는 설교를 계속하는 것을 아굴라 부부가 듣게 되었다.

아굴라 부부는 아볼로를 불러서 주님의 복음을 올바르게 지도했을 정도였다(행 18:26). 그리고 아볼로는 교역자가 없는 고린도로 건너가게 되었다. 그리고 그 후에 곧 바울이 윗 지방을 지나서 에베소에 도착하여 아굴라 부부와 합류하게 되었고, 함께 약 3년 동안 일했는데 큰 역사가 일어났던 것이다.

아굴라 부부가 뒷바라지를 잘 해주는 덕분에 바울은 '두란노'라는 철학자의 강당을 빌려 약 2년 동안 매일같이 성경을 가르치게 되었다. 바울이 기도하는 것과 말씀 가르치는 일에 전념하게 되자, 큰 능력이 바울과 함께 하여 온 아시아의 사람들이 다 와서 바울의 복음을 듣게 되고 많은 병자가 낫고 귀신들이 물러가며 마술사들이 자기들의 마술 책을 다 가지고 와서 바울 앞에서 불사르는 역사가 일어나게 되었던 것이다.

얼마 후에 로마의 클라우디어스 황제가 죽었다. 이 소식을 들은 브리스길라는 남편과 함께 다시 로마로 돌아가자고 했던 것 같다. 그리고 바울은 그들을 기꺼이 보내면서 자기도 이제 마게도냐와 아가야를 거쳐서 언젠가는 로마로 가는 것이 미래의 계획이라고 했을 것이다. 그리고 로마에서 다시 만날 것을 기약하고 헤어졌을 것이다. 그 후 바울은 에베소 사역을 끝내고 마게도냐를 지나 고린도에 가서 약 3개월 동안 머물면서 로마에 있는 그리스도인들에게 편지를 썼다. 그 편지가 바로 저 유명한 로마서이다. 그리고, 그 로마서의 끝에서, 로마에 있는 사람들에게 문안할 때 맨 먼저 아굴라 부부에게 문안을 하고 있다.

"내가 겐그레아교회의 일군으로 있는 우리 자매 뵈뵈를 너희에게 천거하노니 너희가 주 안에서 성도들의 합당한 예절로 그를 영접하고 무엇이든지 그에게 소용되는 바를 도와줄지니 이는 그가 여러 사람과 나의 보호자가 되었음이니라 너희가 그리스도 예수 안에서 나의 동역자들인 브리스가와 아굴라에게 문안하라 저희는 내 목숨을 위하여 자기의 목이라도 내어놓았나니 나뿐 아니라 이방인의 모든 교회도 저희에게 감사하느니라 또 저의 교회에게도 문안하라"(롬 16:1-5).

아굴라 부부가 다시 로마로 돌아왔을 때, 생각했던 것보다 로마는 평화롭지가 못했다. 정치세계는 썩어서 냄새를 풍기고 있었고 사회도 함께 부패하여 갔다.

사실 클라우디어스는 매우 지적이고 훌륭한 정치인이었는데 요물 같은 자기 조카 아그리피나를 아내로 맞이한 것이 화근이 되어 결국 그녀의 손에 의하여 독살된 것이다. 그녀는 어질고 착하기만 한 클라우디어스에게 자기가 데리고 온 네로를 장차 왕위에 앉게 하여달라고 졸라서 기어이 그 허락을 받아내었던 것이다. 그러나 그래 놓고도 믿지를 못해서 결국 황제의 주치의를 매수하여 클라우디어스 황제를 독살한 것이다. 마침내 17세 소년 네로가 로마의 황제가 되었다. 네로는 클라우디어스의 전처 멧사리나의 딸 옥타비아를 아내로 삼고 세네카를 스승으로 모시고 한 5년간은 잘하는 척하더니 그 속에 흐르는 악독한 피가 끓어오르기 시작하였다.

네로도 네로지만 역시 악의 씨는 네로의 어머니 아그리피나에게 있었다. 그녀가 어린 네로를 권좌에 앉혀놓고는 그 뒤에서 지나친 섭정을 하게 되자 네로는 이를 귀찮게 여기게 되었다. 결국은 아그리피나의 간섭을 정면으로 거부하게 되었다. 아그리피나는 차라리 전실의 아들 브리타니쿠스(클라우디어스와 멧사리나 사이에서 난 아들)를 권좌에 앉힐 책략을 꾸미게 되었고, 이를 안 네로가 마침내 브리타니쿠스를 독살하게 되었다. 이어서 폭군이 된 네로는 얼마 안 가서 자기를 왕이 되게 한 그의 어머니 아그리피나를 자객을 보내어 죽여 버렸다.

이렇게 네로가 미쳐서 제정신이 아닐 때 바울은 가이사랴의 감옥에 2년간 감금되어 있다가 마침내 로마 시민권이 있었던 덕분에 네로의 재판을 받겠다고 하여 로마로 호송되어 갔던 것이다. 그리고 그렇게 사모하던 바울과 아굴라 부부는 재회를 하게 되었다.

바울이 로마의 감옥(감옥이라기보다는 가택 연금 상태)에 있을 때 아굴라 부부는 큰 위로가 되었을 것이다. 약 2년이 지나자 바울의 죄가 없다는 것이 확정되어 바울은 자유의 몸이 되었다. 바울은 그 길로 일행들과 함께 그레데를 거쳐서 에베소로 가게 되었는데 그 길에 다시 아굴라 부부가 동행을 했던 것 같다. 그리고 그들은 에베소에서 가정 교회를 하면서 복음을 전하게 되었던 것같이 보인다.

그 길로 바울은 마게도냐를 거쳐서 아가야(고린도, 아테네)에 이르게 되었다. 이어서 일루리곤 지방의 니고볼리에서 전도하다가 체포되어 다시 로마의 감옥으로 호송되어 갔는데 이것이 바울이 제 2차 로마 감옥에 투옥된 사건이다. 바울이 두 번째로 체포되었을 때는 가택연금과 같은 상태가 아니라 사형수의 감옥으로 유명한 마메딘 감옥에 투옥되었다. 거기서 바울이 마지막 편지를 쓰게 되었는데, 그 편지가 에베소에 있는 디모데에게 보낸 디모데후서였다. 그 편지에 보면 바울이 로마의 마메딘 감옥에서 에베소에 있는 아굴라 부부에게 문안하는 것을 보게 된다.

"하나님 앞과 산 자와 죽은 자를 심판하실 그리스도 예수 앞에서 그의 나타나실 것과 그의 나라를 두고 엄히 명하노니 너는 말씀을 전파하라 때를 얻든지 못 얻든지 항상 힘쓰라 범사에 오래 참음과 가르침으로 경책하며 경계하며 권하라 때가 이르리니 사람이 바른 교훈을 받지 아니하며 귀가 가려워서 자기의 사욕을 좇을 스승을 많이 두고 또 그 귀를 진리에서 돌이켜 허탄한 이야기를 좇으리라

그러나 너는 모든 일에 근신하여 고난을 받으며 전도인의 일을 하며 네 직무를 다하라 관제와 같이 벌써 내가 부음이 되고 나의 떠날 기약이 가까왔도다 내가 선한 싸움을 싸우고 나의 달려갈 길을 마치고 믿음을 지켰으니 이제 후로는 나를 위하여 의의 면류관이 예비되었으므로 주 곧 의로우신 재판장이 그날에 내게 주실 것이니 내게만 아니라 주의 나타나심을 사모하는 모든 자에게니라

너는 어서 속히 내게로 오라 데마는 이 세상을 사랑하여 나를 버리고

데살로니가로 갔고 그레스게는 갈라디아로, 디도는 달마디아로 갔고 누가만 나와 함께 있느니라 네가 올 때에 마가를 데리고 오라 저가 나의 일에 유익하니라

두기고는 에베소로 보내었노라 네가 올 때에 내가 드로아 가보의 집에 둔 겉옷을 가지고 오고 또 책은 특별히 가죽 종이에 쓴 것을 가져오라 구리 장색 알렉산더가 내게 해를 많이 보였으매 주께서 그 행한 대로 저에게 갚으시리니 너도 저를 주의하라 저가 우리 말을 심히 대적하였느니라 내가 처음 변명할 때에 나와 함께 한 자가 하나도 없고 다 나를 버렸으나 저희에게 허물을 돌리지 않기를 원하노라 주께서 내 곁에 서서 나를 강건케 하심은 나로 말미암아 전도의 말씀이 온전히 전파되어 이방인으로 듣게 하려 하심이니 내가 사자의 입에서 건지웠느니라 주께서 나를 모든 악한 일에서 건져내시고 또 그의 천국에 들어가도록 구원하시리니 그에게 영광이 세세무궁토록 있을지어다 아멘

브리스가와 아굴라와 및 오네시보로의 집에 문안하라 에라스도는 고린도에 머물렀고 드로비모는 병듦으로 밀레도에 두었노니 겨울 전에 너는 어서 오라 으불로와 부데와 리노와 글라우디아와 모든 형제가 다 네게 문안하느니라

나는 주께서 네 심령에 함께 계시기를 바라노니 은혜가 너희와 함께 있을지어다"(딤후 4:1-22).

이 편지를 받은 디모데, 마가, 아굴라가 다 로마로 달려갔을 것으로 본다. 그리고 그 중에 특별히 디모데는 바울을 변호하려고 하다가 자신도 체포되었던 것으로 보인다. 히브리서 기자는 그러한 디모데가 나중에 자유의 몸이 된 소식을 전하고 있다. 아굴라와 브리스길라 부부, 이러한 평신도 부부라면 온 세상 어디든지 가서 협력선교를 할 수 있을 것이다. 그들이 받을 상급은 사도들과 선지자들과 같은 상일 것이다. 아멘.

믿을 만한 사역자

디 도

디도는 '공경하다'라는 뜻의 이름이다. 디도는 헬라인이라고 알려져 있다. 디도는 언제 어디서 바울을 만나 합류하게 되었는지 알 수가 없다. 사도행전에서는 그의 이름을 찾을 수 없다. 학자들마다 이 문제를 어렵게 생각한다.

어떤 학자는 디도가 누가의 친인척이었던 것 같다고 짐작하기도 한다. 누가는 사도행전을 기록하면서 자기 자신의 이야기는 한 마디도 쓰지 않았다. 따라서 자기의 친인척 이야기도 생략했을 가능성은 있다. 구약시대에 예레미야가 열왕기상·하서를 기록하면서 자신의 이야기를 단 한 줄도 기록하지 않은 것과도 같은 것으로 볼 수 있다. 이유가 무엇인지는 몰라도 누가가 디도의 이름을 한 번도 쓰지 않은 것은 매우 이상한 일이라 할 수 있다.

바울에게는 디도가 디모데와 함께 매우 비중 있는 일꾼으로 여겨지고 있었다는 것을 알 수 있다. 디도는 바울이 예루살렘공의회에 올라갈 때 바나바와 함께 올라갔던 것으로 나타나 있다.

"십사 년 후에 내가 바나바와 함께 디도를 데리고 다시 예루살렘에 올라갔노니 계시를 인하여 올라가 내가 이방 가운데서 전파하는 복음을 저희에게 제출하되 유명한 자들에게 사사로이 한 것은 내가 달음질하는 것이나 달음질한 것이 헛되지 않게 하려 함이라 그러나 나와 함께 있는 헬라인 디도라도 억지로 할례를 받게 아니하였으니 이는 가만히 들어온 거짓 형제 까닭이라 저희가 가만히 들어온 것은 그리스도 예수 안에서 우리의 가진 자유를 엿보고 우리를 종으로 삼고자 함이로되 우리가 일시라도 복종치 아니하였으니 이는 복음의 진리로 너희 가운데 항상 있게 하려 함이라"(갈 2:1-5).

이 기록을 디도의 이름이 맨 처음 거명된 기록으로 볼 수 있다. 바울이 첫 번째 전도여행에서 돌아왔을 때 안디옥교회에는 예루살렘으로부터 할례당원들이 내려와 교회를 매우 어렵게 해놓았다. 그래서 할례 문제로 심한 다툼이 있은 후 결국 예루살렘의 사도들에게 가서 정식으로 이 문제를 거론하기로 해서 올라가게 된 것이다. 이때 바울이 디도를 데리고 올라갔고, 그때 디도는 할례를 받지 않았던 헬라인으로서 예수님을 믿은 사람이었다. 그렇다면 바울이 디도를 만난 것은 첫 번째 전도여행 중이었던 것이다.

우리가 짐작할 수 있는 것은 디도는 디모데보다도 먼저 만난 일꾼이요, 누가보다도 먼저 바울을 만난 것이다. 그리고 이 디도로 말미암아 누가를 만나게 된 것으로 볼 수 있을 것이다. 바울이 디도를 만났을 때 디도는 평범한 사람이었다. 그러나 시간이 흐르면서 디도는 훌륭한 하나님의 사역자로 성숙하여갔고 어디든지 어려운 일을 맡기면 시원스럽게 해결하는 것을 볼 수 있다.

바울의 사역기간 중에 고린도교회가 바울의 큰 부담이 되게 했다. 고린도교회가 가장 심각한 상태에 있을 때 바울은 고린도 문제를 수습하기 위하여 마침내 디도를 파송하였던 것이다. 그리고는 그 디도가 속히 오지 않음으로 인하여 바울은 깊은 근심에 잠겨 있었다. 그는 기다리다 못하여 에베소를 뒤로하고 드로아로 갔다가 다시 마게도냐까지 마중을 나가는 것을 볼 수 있다. "내가 내 형제 디도를 만나지 못하므로 내 심령이 편치 못하여 저희를 작별하고 마게도냐로 갔노라"(고후 2:13).

이때는 바울이 에베소교회를 섬기고 있을 때였는데 고린도교회를 어지럽게 하며 바울을 계속 중상하고 있는 사람들이 있었다. 바울이 이 문제로 얼마나 고민을 많이 했는지는 고린도후서 10장부터 13장을 읽어보면 대략 짐작할 수 있다.

바울은 고린도교회를 위하여 몇 차례 방문하여 지도하기도 하고 편지를 보내기도 했지만 고린도교회 문제는 수습되지 않았다. 바울은 적어도 고린도교회에 네 번 이상의 편지를 보냈던 것 같이 보인다. 그리고 디모데를 보낸 적이 있지만 디모데로서는 역시 역부족이었다. 시간이 흐르면서 바울은 디도의 사람됨과 그 그릇을 알게 되었다. 해결하기 어려운 문제를 디도에게 맡기면 시원시원하게 해결해냈던 것이다. 고린도교회의 문제도 결국 디도가 가서 해결해낸 것으로 보인다.

훗날 바울이 게으르고 거짓말을 많이 하는 사람들이 산다고 지적한 그레데에 디도를 파송하였다. 바울이 그러한 지역에 디도를 특별히 파송한 것은 그만큼 바울이 디도의 역량을 신임하고 있었다는 것을 보여주는 것이다. 그리고 바울은 디도를 다시 니고볼리로 부르고 있는 것을 보게 된다.

"내가 아데마나 두기고를 네게 보내리니 그때에 네가 급히 니고볼리로 오라 내가 거기서 과동하기로 작정하였노라 교법사 세나와 및 아볼로를 급히 먼저 보내어 저희로 궁핍함이 없게 하고 또 우리 사람들도 열매 없는 자가 되지 않게 하기 위하여 필요한 것을 예비하는 좋은 일에 힘쓰기를 배우게 하라"(딛 3:12-14).

바울이 처음에 로마에서 2년간 가택연금 상태에 있다가 자유의 몸이 되자 일행을 대동하고 곧장 그레데로 왔던 것 같다. 그리고는 거기에 한 팀을 떨어뜨려 두었던 것이다. 그레데에 떨어뜨려 둔 팀의 대표는 역시 디도였다는 사실을 알 수 있다. 왜냐하면 그레데에 디도와 함께 있는 사람들 중에는 교법사 세나가 있었고 아볼로도 있었던 것이다. 그러나 바울은 세나에게나 아볼로에게 편지를 쓰고 있는 것이 아니라 디도에게 편지를 쓰고 있는 것이다.

아볼로는 사실 고린도에 갔다가 자기 자신의 역량의 부족함을 깨닫고 당시에 에베소에 목회하던 바울을 찾아왔던 것이다. 그리고 몇 차례의 편지를 통하여 고린도 교인들을 책망한 후에 아볼로를 권하여 다시 고린도 교회로 건너가라고 바울이 많이 권했지만 아볼로가 다시는 고린도에 갈 뜻이 없었다. 그리고 그 후에 디모데를 보내보았으나 역시 고린도의 문제를 해결하지 못했던 것이다. 그러나 디도를 보냈을 때 고린도 교회의 문제는 해결이 되었다. 세월이 흐르면서 디도의 실력과 능력이 점점 더 드러나게 되었던 것을 알 수 있다.

바울이 디도에게 보낸 편지는 아마도 마게도냐 어느 지방에서 쓴 것으로 보인다. 바울이 그 편지를 쓰게 된 것은 그레데의 일(각 성에서 장로와 집사를 세우는 일)을 바르게 하도록 지도하는 것과 니고볼리의 일을 위하여 쓴 것이다. 니고볼리는 에피루스 지방의 항구도시였다. 바울이 일루리곤에서 겨울을 지내면서 복음을 전하겠다는 계획을 가지고 그레데에 있는 디도에게 디도서를 쓴 것이다. 바울이 이 편지를 쓴 것은 65년 여름이 다 끝나갈 무렵이었을 것이다.

그 편지에 바울은 세나와 아볼로를 먼저 보내어 복음전도를 위하여 예비하는 것을 배우게 하라고 지시하고 있다. 곧 아데마 혹은 두기고를 그레데로 보낼 터인즉 그때는 그레데의 일에 손을 떼고 니고볼리

로 오라고 지시하고 있다. 이러한 내용을 볼 때 디도는 이미 선교팀의
지도자가 되어 있었음을 알 수 있다. 당시에 바울은 64년 겨울을 에피
루스의 니고볼리 항에서 전도하면서 보내고 65년의 봄이 되면 일루리
곤 가도를 따라 로마로 여행할 계획을 세웠던 것으로 보인다.

이 편지를 받은 디도는 곧 니고볼리로 가서 바울과 합류했던 것
같이 보인다. 그러나 니고볼리에 막상 도착했을 즈음 네로 황제는 이
미 미친 사람처럼 되어 있었을 것이다. 확인할 수는 없지만 니고볼리
사역을 전후로 바울은 다시 체포되었을 가능성이 높다. 그리고 바울이
체포된 후에 바울의 전도 팀은 흩어지게 된 듯하다. 그리고 한 군데
모여서 사역을 할 수 없는 어려운 환경에서 바울은 제자들을 여러 곳
으로 보내고 자기는 누가와 함께 로마로 호송된 것으로 볼 수 있다.

이러한 내용의 기록은 바울이 로마의 마메딘 감옥에 투옥된 후 에
베소에 있는 디모데에게 보낸 디모데후서에 몇 줄 기록이 되어 있어서
알게 된다.

"관제와 같이 내가 부음이 되고 나의 떠날 기약이 가까왔도다 내가 선
한 싸움을 싸우고 나의 달려갈 길을 마치고 믿음을 지켰으니 이제 후로는
나를 위하여 의의 면류관이 예비되었으므로 주 곧 의로우신 재판장이 그날
에 내게 주실 것이니 내게만 아니라 주의 나타나심을 사모하는 모든 자에게
니라 너는 어서 속히 내게로 오라 데마는 이 세상을 사랑하여 나를 버리고
데살로니가로 갔고 그레스게는 갈라디아로, 디도는 달마디아로 갔고 누가
만 나와 함께 있느니라
네가 올 때에 마가를 데리고 오라 저가 나의 일에 유익하니라 두기고는
에베소로 보내었노라 네가 올 때에 내가 드로아 가보의 집에 둔 겉옷을
가지고 오고 또 책은 특별히 가죽 종이에 쓴 것을 가져오라 구리장색 알렉
산더가 내게 해를 많이 보였으매 주께서 그 행한 대로 저에게 갚으시리니

너도 저를 주의하라 저가 우리 말을 심히 대적하였느니라 내가 처음 변명할 때에 나와 함께 한 자가 하나도 없고 다 나를 버렸으나 저희에게 허물을 돌리지 않기를 원하노라 주께서 내 곁에 서서 나를 강건케 하심은 나로 말미암아 전도의 말씀이 온전히 전파되어 이방인으로 듣게 하려 하심이니 내가 사자의 입에서 건지웠느니라 주께서 나를 모든 악한 일에서 건져내시고 또 그의 천국에 들어가도록 구원하시리니 그에게 영광이 세세 무궁토록 있을지어다 아멘

브리스가와 아굴라와 및 오네시보로의 집에 문안하라 에라스도는 고린도에 머물렀고 드로비모는 병듦으로 밀레도에 두었노니 겨울 전에 너는 어서 오라 으불로와 부데와 리노와 글라우디아와 모든 형제가 다 네게 문안하느니라

나는 주께서 네 심령에 함께 계시기를 바라노니 은혜가 너희와 함께 있을지어다"(딤후 4:6-22).

이 편지는 디모데에게 보낸 편지이지만 거기에 디도의 마지막 행방이 밝혀지고 있다. 디도가 간 달마디아는 바울이 가고 싶어했던 지방이었다. 그가 만약 체포되지 않았다면 65년 봄에는 일루리곤 지방을 지나서 달마디아를 거쳐 로마로 가려고 했던 것 같이 보인다. 자신이 체포되자 바울은 자기가 가려고 했던 길을 디도에게 맡긴 것이라고 볼 수 있다.

하나님의 신실한 일꾼 디도, 그가 달마디아로 간 후 우리는 그의 소식을 들을 수 없었다. 바울과 함께 바울의 지체와도 같이 온 세계를 종횡무진으로 주름잡고 다니던 디도의 걸음을 그 후로는 주님께서 친히 인도하셨을 것을 믿는다.

스데반

스 데반은 '면류관'이라는 뜻이다. 스데반은 초대교회가 처음으로 선택한 일곱 명의 집사 중 한 사람으로 매우 뛰어난 사람이었다. 일반적으로 일곱 명의 집사들을 기록할 때 그의 이름이 맨 먼저 기록되고 있다. 집사란 본래 음식 시중을 드는 사람, 즉 종을 의미하는 것이었다.

기독교의 위대한 점은 교회의 직제가 처음부터 섬기는 직분이었다는 데 있다. 집사deacon란 봉사자, 일꾼, 종servant, 보조자 등의 뜻을 가진 말이었다. 교회가 이 일곱 집사를 선출하게 됨으로 일대 전환기를 맞게 되었던 것이다. 초대교회가 집사를 세우게 된 근본적인 목적은 구제와 행정의 일을 맡아서 함으로 사도들이 그 본연의 임무를 잘 수행할 수 있도록 하자는 목적이 있었던 것이다.

"그때에 제자가 더 많아졌는데 헬라파 유대인들이 자기의 과부들이 그 매일 구제에 빠지므로 히브리파 사람을 원망한대 열두 사도가 모든 제자를 불러 이르되 우리가 하나님의 말씀을 제쳐놓고 공궤를 일삼는 것이 마땅치 아니하니 형제들아 너희 가운데서 성령과 지혜가 충만하여 칭찬 듣는 사람 일곱을 택하라 우리가 이 일을 저희에게 맡기고 우리는 기도하는 것과 말씀 전하는 것을 전무하리라 하니 온 무리가 이 말을 기뻐하여 믿음과 성령이 충만한 사람 스데반과 또 빌립과 브로고로와 니가노르와 디몬과 바메나와

유대교에 입교한 안디옥 사람 니골라를 택하여 사도들 앞에 세우니 사도들
이 기도하고 그들에게 안수하니라"(행 6:1-6).

　　조직이 커지게 되면 역할을 분담해야 할 필요가 있는 것이다. 사도
들이 집사들을 선택할 때는 몇 가지의 기준을 두었다.

　　성령이 충만한 사람, 행정에 능력이 있는 사람, 지혜가 충만한 사람,
사람들에게 평판이 좋은 사람을 선택하게 한 것이다. 이러한 사람들을
뽑아서 일곱을 세웠는데 그 중에 스데반과 빌립은 대표적인 인물이었
다.

　　전승에 의하면 유대인들은 대체로 히브리파와 헬라파로 구별이 되
었다고 한다. 히브리파의 유대인들은 팔레스틴 본토에서 나서 히브리
어와 아람어를 쓰면서 헬라화되는 것을 달갑지 않게 생각하는 사람들
이었고, 헬라파 유대인들은 대개 외지에서 태어났으나 유대인의 피를
가진 사람들로서 헬라어를 익숙하게 사용하며 비교적 진취적이고 개
방적인 사고를 가진 사람들이었다고 한다.

　　당시의 히브리파 유대인들 중에는 헬라파 유대인들을 멸시하는 사
람들이 있었다. 게다가 성도들이 자기들의 소유를 팔아서 사도들에게
위탁하여 가난하고 어려운 사람들에게 나누어주게 하였는데, 그러한
일들을 실제로 사도들이 한 것이 아니지만, 아무래도 헬라파 유대인들
보다는 히브리파 유대인들이 주도권을 가지고 구제를 하는데, 어려운
사람들은 헬라파 사람들이 더 많았을 것이다. 그런데 그때마다 헬라파
의 가난한 사람들을 소외시켰던 것이다("그 매일 구제에 빠지므로"=
행 6:1).

　　이러한 때에 궁극적인 원망은 사도들에게 돌아오게 되는 것이다.
교회는 이러한 일을 감안하여 행정을 잘 해야 한다. 그리고 여러 사람
들의 원망을 듣거나 오해의 소지가 있는 업무를 설교자들이 중임하지

않는 것이 바람직하다. 그러한 부담스러운 직무는 집사들이 맡아서 봉사하게 하고, 설교하고 기도하는 사람들에게 무분별한 원망들이 돌아가지 않게 하는 것이 좋다.

스데반은 헬라파 유대인으로서 바울과 함께 가말리엘 문하에서 같이 수학하다가 일찍 예수님을 믿게 되었다고 한다. 그것이 사실이라면 바울이 스데반을 처음부터 많이 만류했을 것으로 볼 수 있다. 그러나 참 진리 되시는 예수님을 만나본 스데반이 바울의 만류에 주저앉을 리가 없다. 오히려 스데반이 바울을 권하여 주를 믿으라고 했을 것이다.

바울의 눈에 비친 스데반은 참으로 구제불능의 이단에 빠진 사람이었을 것이다.

그러나 스데반은 교회 내에서 성실한 인품에 학문과 지혜를 겸전하여 여러 사람들의 신망을 받는 사람이었다. 말썽 많던 구제 사업을 관리할 일곱 집사들 가운데 한 사람으로 임명된 것을 볼 때 많은 성도의 칭찬을 받던 믿음직한 인물이었음을 알 수 있다(행 6:5-6).

우리가 사도행전에서 스데반의 강화(설교)를 들으면 그의 학문이 깊었다는 것을 금방 알 수 있다. 그는 학문뿐만 아니라 성령이 충만하여서 역사적 사실과 지혜로 하는 말을 당시의 당국자들이 감당할 수 없을 정도였음을 볼 수 있다.

"하나님의 말씀이 점점 왕성하여 예루살렘에 있는 제자의 수가 더 심히 많아지고 허다한 제사장의 무리도 이 도에 복종하니라 스데반이 은혜와 권능이 충만하여 큰 기사와 표적을 민간에 행하니 리버디노 구레네인, 알렉산드리아인, 길리기아와 아시아에서 온 사람들의 회당이라는 각 회당에서 어떤 자들이 일어나 스데반으로 더불어 변론할새 스데반이 지혜와 성령으로 말함을 저희가 능히 당치 못하여 사람들을 가르쳐 말 시키되 이 사람이 모세와 및 하나님을 모독하는 말하는 것을 우리가 들었노라 하게 하고 백성과 장로와 서기관들을 충동시켜 와서 잡아가지고 공회에 이르러 거짓 증인들을 세우니 가로되 이 사람이 이 거룩한 곳과 율법을 거스려 말하기를 마지 아니하는도다 그의 말에 이 나사렛 예수가 이곳을 헐고 또 모세가 우리에게 전하여준 규례를 고치겠다 함을 우리가 들었노라 하거늘 공회 중에 앉은 사람들이 다 스데반을 주목하여 보니 그 얼굴이 천사의 얼굴과 같더라"(행 6:7-15).

당시의 당국자들이 볼 때 사도들보다도 이 스데반이 아주 중요한 인물로 지목되었던 것 같다. 상당한 식견을 가진 스데반이 거기 가담하여 백성을 선동하는 것으로 보인 것이다. 그리고 학문뿐만 아니라 은혜와 권능이 충만하여 큰 기사와 표적이 민간에 일어나게 됨으로 거의 모든 사람들이 스데반의 영향을 받기 시작한 것이다. 결국은 스데반을 모함하여 고소하게 하고 잡아다가 죽이려고 한 것이다. 말로써 당할 수가 없을 때 결국은 죽이는 길밖에 없었던 것으로 판단된 것이다.

공회 앞에 세워진 스데반의 얼굴을 주목하여보니 마치 천사의 얼굴과 같았다고 한다. 스데반은 목숨을 걸고 마지막 증언을 했다. 스데반의 증언은 역사적인 증언이었다. 그는 유대 역사에 대한 정확한 지식을 가지고 있었다. 그리고 역사의 교훈을 바르게 알고 있었다. 스데반은 하나님의 뜻을 바르게 알고 있었다.

스데반의 설교에 귀를 기울여보면 스데반이 조상 아브라함에서부터 그리스도에 이르기까지 구속의 역사에 대해 해박한 지식을 가지고 있었다는 것을 바로 알게 된다. 스데반의 설교는 그가 성경에 박식할 뿐 아니라 시공을 초월하는 하나님의 구속 역사에 철저하게 의지하는 인물이었음을 보여주고 있는 것이다.

스데반의 순교는 교회 박해의 서곡이었으나, 이 사건은 오히려 초대교회가 질적, 양적으로 성장하는 계기가 되었으며 그가 돌에 맞아 순교하면서 증거했던 그 설교는 그날 그 사람들만을 위한 것이 아니라 스데반 순교의 기사를 읽는 모든 시대의 모든 사람들에게 계속적으로 울려퍼지는 역사적인 복음이었다. 스데반이 살아서 복음을 전해도 많은 사람에게 영향을 미치게 되었겠지만, 실은 그가 순교하면서 남긴 이 역사 설교야말로 모든 성경에 기록되어 모든 시대 모든 성도들에게 증거되는 것이다. 뿐만 아니라 이때 일어난 핍박을 인하여 예루살렘에만 운집되어 있던 교회가 세상으로 흩어져 나가 복음을 전하게 되었던 것이다.

"사울이 그의 죽임 당함을 마땅히 여기더라 그날에 예루살렘에 있는 교회에 큰 핍박이 나서 사도 외에는 다 유대와 사마리아 모든 땅으로 흩어지니라 경건한 사람들이 스데반을 장사하고 위하여 크게 울더라 사울이 교회를 잔멸할새 각 집에 들어가 남녀를 끌어다가 옥에 넘기니라 그 흩어진 사람들이 두루 다니며 복음의 말씀을 전할새 빌립이 사마리아성에 내려가 그리스도를 백성에게 전파하니 무리가 빌립의 말도 듣고 행하는 표적도 보고 일심으로 그의 말하는 것을 좇더라 많은 사람에게 붙었던 더러운 귀신들이 크게 소리를 지르며 나가고 또 많은 중풍병자와 앉은뱅이가 나으니 그 성에 큰 기쁨이 있더라"(행 8:1-8).

스데반은 돌을 들고 흥분하는 무리들 앞에서도 신념을 굽히지 않았던 것을 볼 때 용기 있고 담대한 인물이었음을 볼 수 있다. 죽는 순간에도 원수들을 위해 기도한 점은 그리스도의 사랑으로 충만한 신앙인임을 보여주는 것이었다(행 7:60).

　스데반의 순교하는 장면을 보면서 가장 큰 충격을 받은 사람은 아마도 바울이었을 것이다. 바울은 스데반같이 지독한 이단자는 죽어 마땅하다고 마음속으로 다짐을 하고 있었을 것이다. 그리고는 바울이 다시 생각해 보았을 것이다.

　'스데반의 그 평화로운 얼굴은 무엇이란 말인가? 정말 스데반의 말이 맞는 것은 아닐까? … 아니야, 그럴 수는 없지. 이단은 이단일 뿐이지, 아무 것도 아니야! 이러한 이단들은 발본색원拔本塞源해서 그 뿌리까지 뽑아버려야 한다!' 하고 마음에 새로운 다짐을 하면서 부지런히 주를 믿는 사람들을 잡아다가 무더기로 옥에 집어넣었다.

　그러나 바울의 마음속에는 분명히 전에 없던 불안과 회의가 구름처럼 일어났을 것이다. 왜냐하면 스데반의 설교가 한 마디도 틀린 것이 없었기 때문이다. 스데반의 설교는 진실한 것이었다. 그것은 분명 역사적인 사실이었다. 시간이 흐를수록 바울은 스데반의 설교를 부인할 수가 없었다. 바울의 마음속에는 계속하여 그러한 생각이 뭉게뭉게 피어올랐다. 그리고는 다시 그런 생각을 떨쳐버리고 더 열심히 교회를 잔멸殘滅하고 다녔다. 그러나 양심은 계속 고통을 당하고 있었을 것이다.

　사도행전은 분명 누가가 기록했다. 누가는 스데반의 순교하는 장면도 보지 못했고, 따라서 스데반의 설교를 듣지 못했던 것이다. 그런데 스데반의 그 긴 설교가 누가가 기록한 사도행전 7장에 기록되어 있다. 이는 의심할 나위가 없이 바울이 그날 듣고 고민하고 갈등하던 것을 기억하고 있다가 누가에게 전해준 것이었을 가능성이 크다고 할 것이다. 그리고 바울은 다메섹의 그리스도인을 잡으러 가다가 주를 뵙고 회개하여 사도가 되었던 것이다. 그렇다면 실제로 바울에게 가장 힘있었던 설교는 스데반이 죽음을 무릅쓰고 한 그 설교였음을 알 수 있다. 스데반의 증거가 끝나는 곳에서 이제는 바울의 회개와 함께 바울의 증거가 시작된다고 볼 수 있는 것이다.

충실한 조력자

실루아노

실 루아노는 '생각'이라는 뜻이다. 헬라화된 유대인으로 로마의 시
민권을 소유했던 것으로 전해진다. 실루아노는 로마식의 이름이
다. 그의 가정환경은 알 수가 없으나 그는 일찍부터 주를 믿어 예루살
렘교회의 신임을 받아 안디옥교회로 파송되었던 사람이었다.

실루아노는 아마도 예수님의 70인 제자 중의 한 사람으로 보인다.
그가 안디옥으로 갈 때는 유다 바사바와 함께 가게 되었는데, 거기서
실루아노는 예루살렘공회의 결의사항을 전하여 형제들을 가르치고 할
례에 대하여 예루살렘교회의 공식적인 입장을 천명한 편지를 전하고
형제들을 권면하여 가르치다가 다시 예루살렘으로 돌아가야 할 입장
이었다. 실루아노는 거기 있는 동안에 바울의 명쾌한 복음의 진리에
매료되었던 것 같다. 결국 유다 바사바는 예루살렘교회로 돌아가고 실
루아노는 거기 남았던 것 같다.

바울과 바나바가 전에(1차 전도여행) 복음을 전했던 각 성을 다시
방문하고자 했을 때, 바나바는 다시 마가를 데리고 가려 했고 바울은
마가와 같이 갈 수 없다고 하여 많이 다툰 후에 피차 갈라서게 되었다.
바나바가 기어이 마가를 데리고 가려 하자 바울은 실루아노를 선택하여
길리기아로 향하고, 바나바는 마가를 데리고 구브로로 향하게 되었다.

바울이 처음에는 실루아노를 택하여 출발하였는데, 그 여행의 경

로를 상세하게는 알 수 없으나, 그때 바울은 갈라디아 지방을 지나면서 복음을 전했던 것 같다. 사도행전 16장은 바울과 실루아노가 더베와 루스드라에 도착한 것을 기록하고 있다. 거기서 그들이 만난 사람이 디모데였다.

디모데는 그의 아버지가 헬라인이었고 외조모나 그의 어머니는 유대인이었다. 이제 바울의 전도팀에 디모데가 가세함으로 세 사람이 되었던 것이다. 바울의 일행이 다시 서쪽으로 진행하다가 어딘가에서 누가를 만난 것은 사실인데, 어디에서 만났는지는 확실치 않으나, 드로아에서부터는 누가가 동행했던 것이 거의 확실시된다.

바울과 실루아노는 가면서 한 사람씩 더 불어나게 되었다. 바울이 지나갔던 노정에는 분명히 갈라디아를 지나간 것만 기록하고 거기서 어떤 일들이 있었는지는 기록이 없다(행 15:8). 그러나 짐작키로는 이 때에 바울의 건강이 악화되어 한동안 갈라디아 어느 지역에서 요양을 했을 것으로 볼 수 있다(갈 4:13-15).

바울의 건강이 악화된 것 때문에 물론 기도했겠지만 그보다도 그 병을 인하여 의사를 찾다가 누가를 만나게 되었을 가능성이 있다고 하는 것이다. 바울은 비시디아 안디옥을 거쳐서 골로새와 히에라볼리, 라오디게아를 지나게 되는데 그 지방은 의학이 발달하였던 곳이다. 특별히 히에라볼리의 온천욕은 병을 치료하는 효험이 있어서 온 세계로부터 사람들이 모여드는 곳이고, 라오디게아의 안약은 당시에 세계적으로 유명한 것이었다(계 3:18). 버가모에는 당시에 의학을 연구하는 기관이 있었고 의사의 신神 아스클라피우스Aesculapius 신전이 있었으며 많은 의학도들이 이곳에 와서 의학을 배우고 있었다.

누가도 아마 그런 의학도 중의 한 사람으로서 바울을 만나 치료하기 위하여 애를 쓰다가 바울과의 교제가 이루어져 복음을 듣고 바울과 동행하게 되었을 가능성이 있다. 전승에는 누가의 고향이 수리아 안디옥이라고도 한다. 하여간 바울이 몸이 불편했을 때 누가를 만나게 주선하고 애를 쓴 사람은 틀림없이 실루아노였을 것이다. 만약 실루아노가 누가를 발견하여 바울과 만나게 했다면 실루아노의 공로는 참으로 큰 것이라 할 수 있을 것이다.

실루아노는 결코 나서지 않은 조용한 성품의 소유자였던 것 같다. 그리고 조용히 돕는 협력자로서 생각이 깊은 사람같이 보인다. 그는 바울을 대동하고 디모데와 누가를 동역자로 하여 결국 드로아까지 오게 되었다.

필자가 바울의 전도여행 경로를 따라 드로아를 답사하게 되었는데 거기에는 그 옛날의 영광은 무너지고 돌무더기와 잡초만 우거져 있었다. 많은 여행자, 순례자들이 트로이를 드로아로 잘못 알고 있는 경우가 있다. 그러나 드로아는 트로이가 아니다. 드로아는 알렉산드리아 드로아로 알려져 있는 곳이다. 여행사나 관광회사 안내원까지도 트로이와 드로아를 구별 못하고 같은 줄 아는 경우가 있다.

그 드로아에서 바울과 실루아노가 꿈을 꾸며 환상을 보았던 것이다. 그리고 3차 전도여행을 마치고 예루살렘으로 가는 길에 바울이 들려서 한 주간 체류하면서 저녁설교를 너무 오래 하여 유두고가 떨어졌던 곳이기도 하다.

바울과 실루아노는 거기서 사모드라게를 지나 네압볼리(지금의 까발라)로 갔고 거기서 다시 암비볼리와 아볼로니아를 지나 빌립보 성에 들어가게 되었다. 바울과 실루아노는 거기서 점하는 여자에게 들어 있는 귀신을 쫓아낸 것이 화근이 되어 감옥 신세를 지게 되었던 것이다.

그러나 바울과 실루아노는 그 감옥에서 기도하고 찬미를 드리게 되었는데 큰 지진이 나서 감옥문이 터져 석방되었던 기록이 사도행전에 있다. 감옥이 터지고 죄수가 다 도망간 줄 알고 간수가 자살을 하려고 했던 것을 바울과 실루아노가 말려서 우리가 다 여기 있으니까 죽지 말라고 했던 것이다. 그때 그 간수는 "선생들아 우리가 어찌해야 구원을 얻을 수 있겠느냐?"고 했다.

이에 대하여 바울과 실루아노가 말하기를, "주 예수를 믿으라. 그리하면 너와 네 집이 구원을 받으리라"고 했는데, 이 말은 신약성경에서 가장 유명한 말이 되었다. 그 후에 그들은 데살로니가로 갔고, 거기서 3주간 체류하는 중에 데살로니가교회가 개척되었다. 그리고 거기에서 심한 핍박이 나자 바울과 실루아노는 베뢰아로 가서 복음을 전하였다.

그런데 데살로니가의 유대인들이 베뢰아까지 뒤따라와서 훼방을 하게 되자 형제들이 바울을 내어보내어 바다까지 가게 하고 거기서 배를 태워 아테네까지 가게 하였으나 실루아노와 디모데는 아직 베뢰아에 머물러 있었다. 바울이 아테네에서 얼마간 체류하면서 아테네 사람들에게 복음을 전하기는 하였지만 실루아노와 디모데가 없이는 그 활동이 별로 효과를 거두지 못하였다.

할 수 없이 바울은 고린도로 가게 되었는데 바울은 다시 거기서 좋은 동역자를 만나게 되었던 것이다. 그들은 아굴라와 브리스길라 부부였는데 바울이 그들과 만나서 터를 닦고 있을 때 베뢰아로부터 실루아노와 디모데가 고린도로 내려왔다.

그 후 실루아노가 어디로 갔는지는 분명하지 않다. 바울이 고린도의 사역을 마치고 에베소로 갈 때도 거기 아굴라 부부가 함께 갔다는 사실은 밝히고 있으나, 실루아노의 행방은 알 수가 없다. 그리고 그 이후로는 영영 바울의 선교팀에서 실루아노의 이름을 볼 수가 없다.

오랜 세월이 흐른 후 베드로가 바벨론에서 베드로전서를 쓰면서 거기에 실루아노와 마가가 베드로의 팀에 합류해 있는 것을 알 수 있다. 베드로전서는 베드로의 뜻을 실루아노가 대필하여 썼다고 볼 수도 있고, 전달까지도 실루아노의 편으로 되었다고 보는 견해도 있다.

실루아노가 처음에 안디옥교회의 문제를 수습하기 위하여 전권을 위임받아 파송되었던 것을 감안하면 그의 신앙이나 학문, 덕망을 짐작할 수 있을 것이다. 이방인의 구원 문제와 같은 중요한 사안을 전달하고 가르칠 책무를 맡고 안디옥으로 파송된 것으로 보아 당시 예루살렘교회에서 지도자 위치에 있었던 것으로 볼 수 있는 것이다.

안디옥에 가서 실루아노는 예루살렘교회와는 또 다른 열심과 사랑을 보면서 예루살렘교회로 돌아가지 않고 바울과 합류하여 바울의 제2차 전도여행을 성공리에 끝나게 한 다음에 베드로의 요청을 받은 듯하다. 베드로가 예루살렘에 있을 때라면 어려움이 없었다고 할 수 있지만, 바벨론에 있었다고 하면 베드로는 분명히 실루아노와 마가의 도움이 절실하였을 것이다.

결국 마가와 실루아노는 베드로를 수행하면서 통역을 하고 있었을 것이다. 그리고 마가는 마가복음을 기록하게 되었으며 실루아노는 베드로전서를 기록하고 전달하면서 베드로를 도왔을 것이다.

바울의 사역이 그렇게 빛나게 되는 것이나 베드로가 자신의 사명을 훌륭하게 감당하게 되기까지 실루아노처럼 말없이 봉사하고 수고하는 사람들이 있었다는 것을 잊지 말아야 한다. 그들은 혹은 먼저 가서 준비하고, 혹은 뒤에 남아서 처리하면서 사도들을 보필하고 배우고 위로하면서 도왔던 것이다. 실루아노는 바울에게나 디모데에게, 누가에게나 베드로에게 조용한 도움이 되었던 사람이다.

실루아노의 봉사가 없었다면 바울의 사역은 결코 성공할 수 없었을 것이다. 앞장서서 일하는 사람뿐만 아니라 곁에서 돕는 손길이 없다면 결코 그렇게 훌륭한 열매를 거둘 수 없었을 것이다.

실루아노는 우리에게 팀의 리더가 되어 일하는 것도 중요하지만 이면에서 사역자를 돕는 일 또한 중요한 것임을 보여준 사람이다. 실루아노가 바울 사도를 도와 갖은 어려움을 이겨내며 소아시아와 유럽 일대에서 주의 사역을 잘 감당했다는 것은 복음 증거에 있어 동역자의 협력과 일치가 얼마나 중요한가를 잘 보여주는 것이다(롬 15:5-6).

유 다

성 경에는 여러 사람의 유다가 등장한다. 야곱의 아들 열두 형제 중 한 사람인 유다가 유다라는 이름의 시작이었을 것이다. 예수님 당시에도 여러 유다가 있었다.

예수님을 배반하고 팔았던 가룟 유다가 있었다.

도마의 본명도 유다였다고 전해지고 있다.

그리고 예수님의 친동생이 유다였다.

신약성경의 끝에 있는 책은 요한계시록이고 그 바로 앞에 있는 짧은 서신이 유다서인데, 유다서를 기록한 저자는 예수 그리스도의 종이요 야고보의 형제라고 기록하고 있다(유 1:1). 대부분의 학자들이 이 유다가 예수님의 동생 유다라고 본다.

예수님의 동생 유다가 유다서를 쓸 당시에는 벌써 이단들이 아주 극성을 부렸다. 유다는 이런 사람들을 "가만히 들어온 자들"이라고 말하고 있다. 지금도 이단자들을 다루기가 어렵지만 그 당시에는 이단자가 들어왔을 때 처리하기가 여간 어려운 것이 아니었을 것이다. 교회가 제대로 조직되지 못했을 때, 그리고 교리가 확정되지 않았을 때, 경건이 완성되지 않았을 때, 어느 사람이 엉뚱한 주장을 하면서 사람들을 선동하고 다닌다면 이는 참으로 처리하기 어려운 일이 아닐 수 없었을 것이다.

　이러한 의미에서 어느 시대나 이단을 척결하는 은사를 가진 사람이 필요하겠지만 초대교회는 더욱 그러한 사람이 필요하였던 것 같다. 그런데 그런 사람이 있다 하여도 요즈음은 믿기가 어렵다. 한국에도 이단을 연구하는 사람들이 있고 단체가 있지만, 그들에게 이단들이 돈을 뿌려 매수한다는 말이 나돌고 있으니 참으로 어려운 시대이다. 그러나 예수님의 동생이었던 유다가 하는 말이면 그래도 믿을 수 있었을 것이다. 성경은 397년 제 3차 칼타고회의에 가서야 구약 39권과 신약 27권이 정경으로 확정되었던 것이다.

　이단들은 교회의 진리를 거짓 것으로 바꾸어 심히 괴롭게 하였다. 유다가 말하는 이단들은 대개 영지주의자라고 하는 이단들이었다.

　이 사람은 저주의 사람들로 예정된 사람들이다. 이 사람들은 경건치 아니하다. 은혜를 색욕거리로 만드는 자들이었다. 홀로 하나이신 주재, 곧 우리 주 예수 그리스도를 부인하는 자들이었다. 꿈꾸는 사람들이었다. 잠을 깨지 못한 사람들이었다. 육체를 더럽히는 사람들이었다.

　권위를 업신여기는 사람들이었다. 영광을 훼방하는 사람들이었다. 알지도 못하면서 훼방하였다. 이성 없는 짐승처럼 행동했다.

　가인의 길을 걷는 사람들이었다. 삯을 위하여 불의의 길을 달려간 발람의 후예들이었다. 고라와 다단과 아비람의 길을 가는 사람들이었다. 애찬의 암초 같은 존재들이요, 자기 몸만 기르는 목자들이었다.

　바람에 불려가는 물 없는 구름이요, 죽고 또 죽어 뿌리까지 뽑힌 열매 없는 가을나무였다.

　자기의 수치를 뿜어대는 바다의 거친 물결이다. 영원히 예비된 캄캄한 흑암에 들어갈 유리하는 별들이다. 이 사람들은 원망하는 자며 불만을 토하는 자며 그 정욕대로 행하는 자들이다. 그 입으로 자랑하는 말을 내는 자들이다.

그들은 이익을 위하여 아첨하는 자들이다. 그들은 당을 짓는 자들이다. 그들은 육에 속한 자들이다. 그들은 성령이 없는 자들이다. 이런 사람들이 오히려 하나님의 교회를 훼방하고 어지럽히고 있다. 교회는 이런 사람들의 유혹에 넘어가지 않고 진리를 사수해야 한다.

Ⅰ. 육신을 따라 사는 사람들의 길

욕심을 따라 살아간다. 정욕을 따라 살아간다. 이익을 따라 살아간다. 사람을 따라 살아간다. 세상을 따라 살아간다. 선동을 따라 살아간다. 습관이나 관습, 풍속에 따라 살아간다. 충동적으로 행동한다. 이데올로기Ideology의 신봉자가 된다. 유행을 따라 변한다. 자기를 추구하면서 체면을 따라 살아간다. 그 결국은 세상의 배후에서 역사하는 세상의 신, 곧 사탄을 따라 살아가는 것이다.

Ⅱ. 성령을 따라 사는 사람들의 길

말씀을 따라 살아간다. 사명을 따라 살아간다. 계명을 따라 살아간다. 진리를 따라 살아간다. 믿음을 따라 살아간다. 양심을 따라 살아간다. 화평을 좇아 살아간다. 질서를 좇아 살아간다. 사도들과 거룩한 선진들의 모범을 따라 살아간다. 예수 그리스도의 본을 따라 살아간다. 도덕과 윤리를 따라 살아간다. 성령의 감화와 감동으로 인도함을 받는다.

성령께서는 우리의 의지나 지성과 판단을 무시하거나 억압하시지 않으시고 우리의 양심과 지성과 직관력을 계발啓發하시어 자율적으로 판단하고 자원하여 헌신하고 기쁨으로 충성하는 것을 기뻐하시는 분이시다. 성령께서는 우리가 들었던 것을 기억나게 하시고 생각나게 하시며 깨닫게 하시는 영이시다.

마지막 때가 되면 사람들은 더욱 약하여지고 하나님의 말씀에서 멀어지게 될 것을 바울도 지적하고 있다.

"네가 이것을 알라 말세에 고통하는 때가 이르리니 사람들은 자기를 사랑하며 돈을 사랑하며 자긍하며 교만하며 훼방하며 부모를 거역하며 감사치 아니하며 거룩하지 아니하며 무정하며 원통함을 풀지 아니하며 참소하며 절제하지 못하며 사나우며 선한 것을 좋아 아니하며 배반하여 팔며 조급하며 자고하며 쾌락을 사랑하기를 하나님 사랑하는 것보다 더하며 경건의 모양은 있으나 경건의 능력은 부인하는 자니 이 같은 자들에게서 네가 돌아서라"(딤후 3:1-5).

주님께서도 마지막 때가 되면 거짓 선지자들이 나타나 기승을 부릴 것이라고 미리 말씀하셨다.

"거짓 선지자들을 삼가라 양의 옷을 입고 너희에게 나아오나 속에는 노략질하는 이리라"(마 7:15).
"거짓 그리스도들과 거짓 선지자들이 일어나 큰 표적과 기사를 보이어 할 수만 있으면 택하신 자들도 미혹하게 하리라"(마 24:24).

베드로도 마찬가지로 거짓 선지자를 경계하라고 가르쳤다.

"그러나 민간에 또한 거짓 선지자들이 일어났었나니 이와 같이 너희 중에도 거짓 선생들이 있으리라 저희는 멸망케 할 이단을 가만히 끌어들여 자기들을 사신 주를 부인하고 임박한 멸망을 스스로 취하는 자들이라"(벧후 2:1).

사도 요한도 거짓 선지자를 경계하라고 가르치셨다.

"사랑하는 자들아 영을 다 믿지 말고 오직 영들이 하나님께 속하였나 시험하라 많은 거짓 선지자가 세상에 나왔음이니라"(요일 4:1).

　지금은 모든 질서를 부인하고 모든 권위를 업신여기고 모든 전통적인 가치를 인정치 않는 시대에 접어들고 있다. 진, 선, 미의 가치가 기준도 표준도 없는 시대에 들어서고 있는 것이다. 인류가 추구하는 가치가 점점 저급한 방향으로 내려가고 있다. 르네상스 이전까지는 온 세계가 신 중심적 세계관을 가지고 신본주의적神本主義的인 삶을 살았다. 그러나 르네상스 이후는 인간 중심적, 인본주의적 세계관으로 변천하게 되었다.

　인본주의의 결과로 이데올로기의 대립이 일어나 양극화의 냉전시대를 맞이하게 되었고, 마침내 두 차례의 대전을 겪었다. 이후 사실상 이데올로기 시대는 막을 내리게 되고 물질 만능주의 시대를 맞이하게 되었다.

　그러나 물질이 충족된 사회는 다시 쾌락을 추구하여 온갖 퇴폐한 문화가 사람들의 심령을 황폐화하게 되었다. 그리고 향락주의의 막다른 곳에는 행복과 만족이 아니라 허무가 기다리고 있는 것이다. 결국은 허무주의의 늪에 빠져드는 자신을 극복하기 위하여 마약을 찾거나 허무를 피할 수 없는 귀결로 알고 자살을 기도한다.

　다른 한편으로는 허무를 극복하기 위하여 신비주의를 추구하게 된다. 신비주의는 사탄이 오래 전부터 인간을 기만하여 온 방법이었다. 지금은 그것이 아주 지능적이고 현대적으로 발전하여 뉴에이지 운동으로 변신의 탈을 쓰고 나타나 허무에 허우적거리는 현대 젊은이들의 영혼을 사냥하고 있다.

　이른바 초월주의라고 하는 것이 판을 치고, 거짓 선지자들이 거짓 표적을 보여 사람들의 영혼을 미혹하고 있는 것이다. 하나님의 사람들은 진정으로 깨어서 자신의 영혼과 이웃의 생명을 거룩하게 보존해야 하겠다.